BERNADETTE SOUBIROUS

Grand in-8° 2ᵉ série.

SŒUR MARIE-BERNARD

BERNADETTE SOUBIROUS

PAR

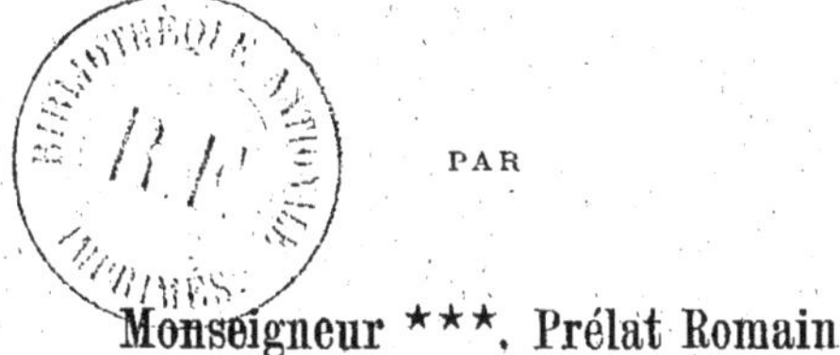

Monseigneur ***, Prélat Romain

Ouvrage illustré de gravures.

PARIS

rue des Saints-Pères, 30

J. LEFORT, IMPRIMEUR, ÉDITEUR

A. TAFFIN-LEFORT, Successeur

rue Charles de Muyssart, 24

LILLE

Propriété et droit de traduction réservés.

CHAPITRE PRÉLIMINAIRE

LA VILLE DE MARIE

Lourdes est situé au pied des Pyrénées, dont il commande l'entrée, à 153 kilomètres de Bayonne, à 235 kilomètres de Perpignan et à 835 kilomètres de Paris.

La petite plaine où Lourdes se cache est circonscrite : au sud-est, par le Gers; au sud, par le *Turoun déras Justissas* (le mont de Justice); au sud-ouest, par le Gave (nom donné aux torrents qui sortent de la partie centrale de la chaîne et forment la rivière) qui baigne les pieds du Bêout; et, au nord, par le Lapaca (Laper-Chien). Ce ruisseau est si faible en été qu'un chien le laperait.

Ce vallon, que dominent des plateaux et des collines, forme un quadrilatère irrégulier. C'est au sud-ouest de ce quadrilatère et à la base d'un rocher isolé que la ville de Lourdes fut bâtie à une époque inconnue.

Un château fort fut élevé sur le roc pour défendre la plaine; un fossé et un mur contigus la contournaient du midi au nord et la protégeaient au levant; des tours la fermaient aux quatre angles de son enceinte.

Les tours ont été rasées; le vieux mur a presque entièrement disparu; le fossé a été comblé, et une rue, celle des Petits-Fossés, la remplace; seul le château reste encore debout, avec la vieille tour de Garnabie qui émerge encore dans ce quartier.

I. — Parcourons d'abord les montagnes qui abritent la cité prédestinée.

Voici le Gers. C'est un mont isolé, coupé à mi-côte par un col. Il présente deux têtes aiguës, l'une moins élevée que l'autre. Ce sont le grand Gers (950 mètres d'altitude) et le petit Gers (440 mètres).

Le Gers est accosté des collines de Louzourne et de Lanzo, et il cache la vallée de Castelloubon (Château le bon, qui appartenait à la famille de Rohan-Rochefort). Les ruines du château de Rohan-Rochefort se trouvent dans cette vallée, au village de Cotdoussan (col du sang, où se faisaient, dit-on, les exécutions capitales).

Le Bêout, comme son voisin, présente deux coupoles d'inégale hauteur : l'une a 792 mètres d'altitude et l'autre 478. Séparé aussi de la chaîne, il s'appuie au rocher des Spélugues (grottes) qui, lui-même, a pour contrefort, celui de Massabielle (roche vieille), et il abrite la jolie vallée de Batsouriguère (vallée sur Rivière).

La montagne de Subercarrère, qui produit la belle forêt de ce nom, se profile derrière le Bêout, dont elle est séparée par la gorge des Bescures.

Le Turoun déras Justissas est un petit contrefort du Gers, d'où l'on aperçoit les vallées qui débouchent dans la plaine de Lourdes : c'est là probablement qu'on avait élevé la potence pour les exécutions criminelles, afin qu'elles fussent vues des passants ; de là son nom.

Les roches de Garnabie, les Espiauttes (roches peu élevées), les roches de Cambésiari (champ des voisins, champ vague et commun) ; celles des Poueys et Darrespoueys constituent une série de hauteurs qui, avec le château, abritent la ville ou lui servent d'assiette. Le pilori était sur le champ commun.

II. — Les vallées, au nombre de sept, convergent vers Lourdes et forment son développement dans toutes les directions, savoir : à l'ouest, celle de Pau ou du Gave ; au nord, celle de Tarbes, et, entre les deux, celle de Pontacq ou de l'Oum ; à l'est, celle de Lézignan et d'Arcizac ; puis, vers le midi, les vallées de Batsouriguère et de Castelloubon, qui se réunissent à celle de l'Argelès ou Davantaigne.

III. — Etudions maintenant les cours d'eau.

Entre le Gers et le Bêout passe un torrent impétueux, le Gave, dont on entend les grondements sourds. Formé par les glaciers des neiges éternelles accumulées sur les cîmes du Marboré d'où il tombe en belles cascades, à cinq kilomètres de Gavarnie, le Gave recueille les eaux de toutes les vallées supérieures : à Gèdre, le Gave d'Héas ; à Luz, le Bastan de Barège ; à Pierrefitte, son rival le Gave Cauterets, qui descend du Vignerole, et que clarifie le lac de Gaube ; le Gave d'Iraby, en avant de Villelongue ; le Gave d'Azun, purifié par le lac d'Entaing et confluant à Argelès ; le Gave de Bergons ou de l'Estrème de Salles (à côte de Salles), confluant à Boorilbron ; le Nez ou Gave de Gazort, grossi du Louit de Castelloubon, confluant en aval de Lergagnan au pied du Gers ; et le Riéou de Batsurgnère, confluant au pied de la montagne du Bêout.

Arrivé à Lourdes, après avoir serpenté dans la plaine d'Argelès, le Gave rencontre les premières ondulations des collines de la Bigorre, et se dirige brusquement vers l'ouest pour aller confondre ses eaux avec celles de l'Adour, près de Bayonne.

Le petit ruisseau de Lapaca est formé de deux autres ruisseaux qui viennent : l'un, de Bartrès, par Estrade du Buala, et l'autre, d'Agné et d'Anclades. Il coule devant la gare, dans un ravin assez profond, met en jeu plusieurs moulins et va se jeter dans le Gave, au pied du fort, juste au point où celui-ci se tourne vers le Béarn.

Le ruisseau de la Merlasse, que l'on voit derrière les magasins de la grotte, est formé des eaux de la vallée de Batsurgnère, qui s'infiltrent dans les anfractuosités de la montagne et qui viennent joindre à la base des rochers des Spélugues, après s'être divisées en deux branches : l'une va dans la ferme Bourié, où elle met en jeu un moulin ; l'autre, la Merlasse, tombe en cascade, coule dans un ravin où l'on a bâti un lavoir, passe sous une voûte maçonnée, à travers la prairie du Savy et va se perdre dans le Gave. — C'est ce ruisseau que traversa Bernadette, le jour de la première apparition de la sainte Vierge. A ce moment, il longeait le rocher de Massabielle, et, après avoir confondu ses eaux avec celles du canal du Savy, venait se perdre dans le Gave, en face de la Grotte de Massabielle.

La Grotte de Massabielle, au point de vue de la science géologique, n'offre rien de remarquable pour le savant.

C'est tout simplement une excavation qui a cinq à six mètres de hauteur, sept à huit mètres de largeur, et une profondeur de six mètres cinquante.

Sur l'arceau est une ouverture ovale, irrégulière, de deux mètres de hauteur, qui communique avec l'intérieur de la grotte. C'est dans cette ouverture que la Sainte Vierge apparut, pour la première fois, à Bernadette Soubirous, le 11 février 1858.

Avant d'entreprendre ce récit, il faut dire encore un mot de la topographie, quelque aride et sèche qu'elle soit forcément, de la cité de Marie. C'est indispensable pour la parfaite intelligence de ce qui va suivre.

IV. — Nous voulons parler des routes qui conduisent à Lourdes.

Lourdes est traversé du nord au sud par la route nationale de Paris à Barèges. La route de Barèges, venant de l'est, et celle de Pau, venant de l'ouest, y rejoignent cette grande artère, tandis que d'autres chemins rayonnent vers les communes voisines.

Si ces deux routes se réunissaient au même point de la ville, elles se couperaient à angle droit avec la grande artère et seraient le prolongement l'une de l'autre. Mais celle de Pau débouche, sur cette route, au nord de la ville, tandis que celle de Barèges s'y emmanche vers le centre, sur la place de la Mairie ; une autre voie, venant de la vallée de Batsurgnère et de la forêt, et qu'on appelait pour cela rue du Baous (Bois), la rejoint sur la place du Marcadal (1).

(1) BARBET, *Guide de Lourdes*, p. 7-27.

BERNADETTE SOUBIROUS

LIVRE PREMIER

BERNADETTE, AVANT ET PENDANT LES APPARITIONS

CHAPITRE PREMIER

L'humble prédestinée.

I. — *Le dessein de Dieu.*

Lorsque mourut l'enfant prédestinée, dont nous entreprenons d'écrire l'histoire, le pieux évêque de Nevers fit ressortir le pourquoi mystérieux de son élection providentielle.

« Les détails de l'Apparition, dit Mgr Lelong, vous sont trop connus pour que je m'y arrête. Mais ce qui me frappe par-dessus tout, ce que je tiens à vous signaler, c'est précisément cette attention, ce soin, ce luxe de précautions, si j'ose dire, que prend la Très Sainte Vierge afin de choisir, pour lui confier le secret de son cœur et du cœur de Jésus, la créature la plus capable de le garder et de le porter jusqu'à la mort, comme elle-même jadis l'a porté dans le silence de l'humilité.

» Et, en effet, ajoutait le pieux orateur, où aurait-elle pu trouver une confidente plus discrète que cette enfant ignorée du monde, s'ignorant elle-même au sein d'une famille obscure entre toutes? Sans instruction, sans prétention, Bernadette portait, jusque dans la fragilité de son enveloppe extérieure, le cachet de cette faiblesse, de ce néant sur lequel Dieu aime à travailler. Il suffisait de la voir de si petite taille, de si chétive apparence pour se rendre compte aussitôt de ce dessein providentiel.... »

II. — *La famille.*

Elle naquit dans une famille pauvre, si pauvre que, faute de quelque argent pour les frais courants, le père avait dû abandonner l'exploitation d'un tout petit moulin, un de ces moulins que nous voyons établis sur les affluents du Gave. François Soubirous, contraint d'abandonner son état de meunier, en était venu à faire çà et là quelques journées pour vivre, lui et les siens.

Parfois, le découragement le prenait, et alors, sa femme, Louise Castérot, une chrétienne de foi robuste, relevait l'âme abattue de son mari.

Ils avaient quatre enfants, deux filles et deux garçons, ces derniers encore en bas âge.

La fille aînée naquit pendant une maladie de sa mère et devait s'en ressentir toute sa vie. Nourrie à Bartrès, elle y demeura jusqu'à l'âge de quatorze ans, chétive, maladive, privée de toute instruction, mais si bonne, si douce, que les paysans, chez qui elle était en nourrice à cinq francs par mois, une fois sevrée, voulurent la garder pour rien. L'enfant s'attacha à eux et demeura volontiers chez ses nourriciers, gardant les brebis, jusqu'à ce que, quand elle eut atteint ses quatorze ans, les Soubirous voulurent ravoir leur fille au pauvre logis de Lourdes.

L'enfant, nous l'avons dit, était née chétive. A quatorze ans, elle était grêle encore, petite, maladive : un asthme déchirait sa pauvre petite poitrine depuis le berceau.

Quand elle arriva à Lourdes, rien ne la distinguait des enfants vulgaires, au point que, admise au catéchisme de la paroisse, le vicaire ne l'avait pas même remarquée, malgré son âge relativement avancé.

Elle avait quatorze ans, et c'est à peine si on lui en eut donné dix à onze.

La mesure de son intelligence atteignait à peine le niveau nécessaire. D'ailleurs, l'oppression habituelle de son souffle éteignait en elle la vivacité du premier âge.

Mais, cette pauvre et frêle enfant cachait une richesse que Dieu connaissait, la seule qu'il apprécie et qu'il lui gardait avec un soin jaloux, pour la maintenir à la hauteur de sa prédestination, son cœur, son innocence. Simple, naïve, extrêmement docile, très aimante, tout était candeur en elle. Ses traits étaient communs; mais sa physionomie était douce, agréable, très sympathique. Elle avait de beaux cheveux noirs, et ses yeux bruns étaient pleins de douceur.

A quatorze ans, Bernadette n'avait pas encore fait sa première communion. L'innocence baptismale devait vivre intacte en son âme, tant elle se sentait inclinée aux saintes choses. Elle ne savait encore ni lire ni écrire; bien plus, elle était tout à fait étrangère à la langue française, et ne connaissait que son pauvre patois pyrénéen. *Notre Père,...* *Je vous salue,... Je crois en Dieu,... Gloire au Père,...* constituaient tout son savoir religieux. Cette simple enfant priait beaucoup dans son ignorance, et aimait la prière, surtout la prière des petits et des simples, le chapelet. Avec son pauvre chapelet, elle parlait souvent, pendant le jour, à la Sainte Vierge Marie, qu'elle connaissait à peine.

La Vierge-Mère de Nazareth aimait Bernadette, la laissait grandir, humble et pieuse, et l'attendait.

III. — *La veille du grand jour.*

« Nous sommes au soir du dixième jour de février, et au moment où se terminent les vêpres, le soleil s'incline à l'horizon, les ombres vont bientôt envelopper la terre et tout nous invite au repos avant les saintes fatigues de cette nuit, belle entre toutes. Transportons-nous par la pensée dans cette petite ville de Lourdes, endormie près de son Gave torrentueux et si poétiquement assise au dernier contrefort des Pyrénées; de grands événements, dès demain, vont s'y accomplir et remuer le monde, car il est écrit : « Encore un peu de temps, et j'ébranlerai le ciel et la terre, le Désiré des nations viendra dans son temple, ce temple sera rempli de la gloire du Très-Haut, et, là, je donnerai la paix! »

« Le mercredi 10 février 1858, il n'y avait dans la petite ville d'autre temple qu'une église bien pauvre, totalement dépourvue de marbres, d'ornements et d'or; mais qu'elle était riche de la piété de ceux qui se prosternaient sur ses dalles et de l'âme de feu du prêtre qui en formait à lui seul la plus belle parure !...

» Or, pendant que ce bon prêtre priait pour ses paroissiens, répandant sa belle âme devant l'autel de Marie, « assise à un pauvre foyer où elle grelotte sous des haillons qui la garantissent à peine de la froidure, une jeune enfant, ignorante et timide, tient à la main son chapelet et fait monter, elle aussi, vers la Reine des vierges, dans un langage naïf, sa plaintive et incessante supplication. En fait de prières, elle ne savait guère que celle-là ; mais Celui qui ne laisse rien sans accent dans le monde et prête l'oreille à la voix de tous les êtres, n'a-t-il pas voulu tirer sa louange de la bouche des enfants et de ceux qui commencent à peine à balbutier ? Encore quelques heures et il enverra sa Mère pour assurer à l'enfant que sa prière a été entendue, qu'elle sera exaucée et que le ciel tout entier demeure en suspens dans l'attente des grandes choses dont elle a été choisie, dans les conseils de la Trinité Sainte, pour être l'instrument privilégié.

» Peut-être pensait-elle, la pauvre enfant dont la complexion était si délicate et l'âme si pure, à la colombe de Scolastique dont elle avait sans doute au catéchisme entendu raconter l'histoire, et pressant son chapelet dans ses mains innocentes, aspirait-elle, sans bien s'en rendre compte, à prendre son vol un jour, elle aussi, et à pénétrer dans ce séjour de gloire dont on lui avait raconté les splendeurs et où déjà tout l'attirait et semblait lui sourire ! Quels rêves de bonheur durent bercer cette enfant pendant qu'autour d'elle tout reposait dans le calme et le silence de la maison paternelle ! Ah ! certes, on était bien pauvre sous ce toit délabré et qui tombait

en ruines ; mais, comme on savait se contenter de peu et
se reposer pleinement sur la providence de Celui qui revêt
les lis des champs et donne leur pâture aux petits des
oiseaux, on portait courageusement le fardeau sans murmurer
et sans se plaindre (1). »

(1) Chanoine Michel, *Élévations sur l'Office de N.-D. de Lourdes*, p. 49 et suiv.

CHAPITRE II

Le grand jour.

I. — *A la recherche de bois mort.*

Nous sommes au jeudi 11 février 1858.

Après avoir d'abord refusé, à cause de son asthme, la femme Soubirous finit par permettre à Bernadette d'accompagner sa petite sœur Marie et une autre voisine, pour aller chercher un peu de bois mort sur le bord du Gave, du côté des Roches Massabielle. Bernadette avait une pauvre robe de grosse laine noire, toute rapiécée, et sa tête était couverte de cette jolie coiffure des paysannes des Pyrénées, appelée capulet. Son capulet de laine blanche lui couvrait les épaules.

Les trois enfants se mirent gaiement en route vers onze heures et demie. Une demi-heure après, elles étaient à l'ouvrage, sur le terrain communal qui bordait le Gave, en face de la grotte dont nous avons parlé. Il faisait froid ; le temps était couvert, mais calme.

Bernadette était un peu en arrière ; moins heureuse que ses deux jeunes compagnes, elle n'avait encore pu faire sa petite récolte. Marie et sa voisine ramassaient joyeuses le bois mort de la grotte. Bernadette allait les rejoindre quand un bruit soudain, semblable à un vent impétueux, lui fit regarder autour d'elle. Chose étrange! les peupliers qui bordaient le Gave étaient absolument immobiles. « Je me serai trompée, » se dit l'enfant tout étonnée; et elle cessa de faire attention.

Mais le bruit mystérieux recommence aussitôt et semble se concentrer dans la grotte. Bernadette regarde en face d'elle et pousse aussitôt, ou plutôt veut pousser un grand cri, qui s'étouffe dans sa gorge. Elle frissonne de tous ses membres, et, terrassée, éblouie, écrasée en quelque sorte par ce qu'elle aperçoit devant elle, elle s'affaisse sur elle-même et tombe à deux genoux.

Une Apparition merveilleuse se dressait devant elle au fond de la grotte, dans la niche que nous avons décrite.

II. — *L'apparition.*

Au-dessus de la grotte, dans cette niche rustique formée par le rocher, se tenait debout, au sein d'une clarté surhumaine, une femme d'une incomparable splendeur. L'ineffable lueur qui flottait autour d'elle ne troublait ni ne blessait les yeux comme l'éclat du soleil. Tout au contraire, cette auréole, vive comme un faisceau de rayons et paisible comme l'ombre profonde, attirait invinciblement le regard, qui semblait s'y baigner et s'y reposer avec délices. C'était, comme l'étoile du matin, la lumière dans la fraîcheur. Rien de vague, d'ailleurs, ou de vaporeux dans l'Apparition elle-

LES ROCHES MASSABIELLE

même. Elle n'avait point les contours fuyants d'une vision fantastique ; c'était une réalité vivante, un corps humain, que l'œil jugeait palpable comme la chair de nous tous, et qui ne différait d'une personne ordinaire que par son auréole et par sa divine beauté.

Elle était de taille moyenne. Elle semblait toute jeune et elle avait la grâce de la vingtième année ; mais, sans rien perdre de sa tendre délicatesse, son éclat, fugitif dans le temps, avait en elle un caractère éternel. Bien plus, dans ses traits, aux lignes divines, se mêlaient en quelque sorte, sans en troubler l'harmonie, les beautés successives et isolées des quatre saisons de la vie humaine : l'innocente candeur de l'enfant, la pureté absolue de la vierge, la gravité tendre de la plus haute des maternités, une sagesse supérieure à celle de tous les siècles accumulés, se résumaient et se fondaient ensemble, sans se nuire l'une à l'autre, dans ce merveilleux visage de jeune fille.

La régularité même et l'idéale pureté de ces traits, où rien n'était heurté, les dérobent à la description. Faut-il dire cependant que la courbe ovale du visage était d'une grâce infinie, que les yeux étaient bleus et d'une suavité qui semblait prendre le cœur de quiconque en était regardé? Les lèvres respiraient une bonté et une mansuétude divines. Le front paraissait contenir la sagesse suprême, c'est-à-dire la science de toutes choses, unie à la vertu sans bornes.

Les vêtements, d'une étoffe inconnue, et tissés sans doute dans l'atelier mystérieux où s'habille le lis des vallées, étaient blancs comme la neige immaculée des montagnes, et plus magnifiques en leur simplicité que le costume éclatant de Salomon dans sa gloire. La robe, longue et traînante, la robe aux chastes plis, laissait ressortir les pieds, qui reposaient sur le roc et foulaient légèrement la branche de l'églantier. Sur chacun de ces pieds, d'une nudité virginale, s'épanouissait la rose mystique, couleur d'or.

Sur le devant, une ceinture, bleue comme le ciel et nouée à moitié autour du corps, pendait en deux longues bandes qui touchaient presque à la naissance des pieds. En arrière, enveloppant dans son amplitude les épaules et le haut des bras, un voile blanc, fixé autour de la tête, descendait jusque sur le bas de la robe.

Ni bagues, ni collier, ni diadème, ni joyaux; nul de ces ornements dont s'est parée de tout temps la vanité humaine. Un chapelet, dont les grains étaient blancs comme des gouttes de lait, dont la chaîne était jaune comme l'or des moissons, pendait entre les mains jointes avec ferveur. Les grains du chapelet glissaient l'un après l'autre entre les doigts. Toutefois, les lèvres de cette Reine des vierges demeuraient immobiles. Au lieu de réciter le rosaire, elle écoutait peut-être en son propre cœur l'écho éternel de la Salutation angélique et le murmure immense des invocations venues de la terre. Chaque grain qu'elle touchait, c'était sans doute une pluie de grâces célestes qui tombaient sur les âmes, comme des perles de rosée dans le calice des fleurs.

Nous avons voulu transcrire cette page de l'immortel historien de Notre-Dame de Lourdes, et l'enchâsser comme une perle dans notre pâle récit. Qui nous aurait pardonné d'essayer nous-même ou de chercher ailleurs un commentaire plus véridique et plus éloquent tout à la fois du texte du cantique que l'Église met sur nos lèvres en cette solennité de l'Apparition? Il appartient à celui qui a eu souvent l'incomparable

honneur de converser avec la voyante et d'entendre de sa
bouche le récit du prodige, à celui qui a été de la part de
Marie l'objet d'une faveur insigne, de nous décrire, tel qu'on
le lui a dépeint, ce spectacle incomparable, et de faire, en quelque
sorte passer le divin sous nos yeux.

III. — *Premières révélations.*

Ravie d'admiration, l'humble enfant ne pouvait en croire
ses yeux. Du milieu de la lumière, la belle Dame lui souriait
délicieusement ; de ses deux mains, de sa tête qui s'inclinait
avec bonté, elle semblait la saluer et lui dire : « Fais comme
moi. » L'enfant l'imite, et son bras obéit librement. La Dame
joint ses mains et roule son chapelet entre ses doigts. Bernadette
récite son chapelet.

Sa sœur la regardait faire depuis un instant. Elle la vit
pâle, l'œil fixe ; elle remarqua l'attitude immobile et attentive
de la prière.

— Tiens ! dit-elle à sa compagne, regarde Bernadette qui
prie.

— Oh ! la dévote ! répondit l'autre ; quelle idée de venir prier
ici. C'est bien assez de prier à l'église.

— Bah ! laissons-la faire. Celle-là ne sait que prier.

Elles ne firent plus attention à Bernadette, et, pour chasser
le froid, elles se mirent à sauter et à courir en ramassant de
petites branches. Elles passèrent là tout le temps que Bernadette
mit à réciter son chapelet.

Bernadette était toujours immobile, à genoux, regardant
toujours cette Dame mystérieuse, si douce et si belle. Comme

elle venait de terminer son chapelet en disant : « Gloire au Père, au Fils et au Saint-Esprit, » l'immaculée Vierge *Marie*, — car c'était elle — disparut tout à coup, rentrant sans doute dans les cieux éternels où réside la Trinité Sainte.

Peu de temps après, Bernadette dit à ses compagnes d'une voix encore tout émue :

— Est-ce que vous n'avez rien vu ?

— Non ; et toi, est-ce que tu as vu quelque chose ?

— Si vous n'avez rien vu, fit-elle, je n'ai rien à vous dire.

Elle se tut, et toutes trois ensemble reprirent le chemin de Lourdes.

La mère Soubirous refusa de croire au récit de son enfant.

— Ce sont là des lubies, lui dit-elle, des imaginations, et je te défends de retourner à la grotte.

La pieuse et prudente chrétienne craignait pour sa fille quelque piège du démon.

Bernadette se tut, mais elle sentit son petit cœur se serrer ; car, depuis que l'Apparition s'était évanouie, son plus grand désir était de la revoir.

CHAPITRE III

Les apparitions (1).

I. — *La seconde apparition.*

Le dimanche suivant, 14 février, la sœur de Bernadette, la petite voisine Jeanne et quelques autres enfants supplièrent si bien la mère Soubirous que celle-ci permit à Bernadette de retourner à la grotte.

Le temps d'ailleurs était magnifique.

Une pensée cependant avait traversé ces petites têtes. Peut-être, se disaient-elles, cette Apparition extraordinaire est une ruse du démon?

— C'est peut-être quelque chose de méchant, dirent les enfants à Bernadette, qui sait? En tout cas, il faut lui jeter de l'eau bénite. Si c'est le diable, il s'en ira. Tu lui diras :

— Si vous venez de la part de Dieu, approchez ; si vous venez du démon, allez-vous-en.

(1) A l'exemple de M. Henri Lasserre, qui, dans son beau livre consacré à *Berna-dette*, n'a fait que reproduire ce qu'il avait déjà raconté, dans le volume consacré à *Notre-Dame de Lourdes*, pour ce qui concerne les apparitions, dans ce chapitre et les suivants, jusqu'au départ de Bernadette de Lourdes, nous ne ferons que reproduire ce qu'a déjà si bien raconté, chez le même éditeur, M. l'abbé Barli, dans son livre sur les *Episodes miraculeux de Lourdes*.

Bernadette le promit. En même temps, elle recommanda aux enfants d'être sages, de prendre leurs chapelets, et elle se munit elle-même d'eau bénite, prise à l'église paroissiale.

La petite troupe s'agenouilla à l'entrée de la grotte et commença le chapelet.

— Elle est là! s'écrie tout à coup Bernadette.

Son accent est mêlé de frayeur et de joie; elle étend son bras vers le rosier.

Les autres enfants regardent et ne voient rien.

— Si! si! elle est là, elle sourit : oh! voyez, elle nous salue!

La voix de Bernadette s'adoucissait; son pâle visage s'épanouissait comme une rose au contact du soleil matinal.

Elle ouvre naïvement la bouteille, se lève, avance d'un pas vers l'églantier, et lance en l'air un peu d'eau bénite qui n'atteint pas la Vision, et qui retombe sur les branches du rosier comme des gouttes de rosée.

— Si vous venez de la part de Dieu, disait-elle en tremblant, approchez.

La Dame sourit, se rapproche et se penche avec amour vers Bernadette.

Bernadette dit une seconde fois :

— Si vous venez de la part de Dieu, approchez.

Mais elle n'osa ajouter le reste, tant il était évident pour elle que ce qu'elle voyait ne pouvait venir de l'enfer.

— Quand je lui jette de l'eau bénite, dit l'enfant à ses compagnes, elle lève les yeux au ciel et se penche vers moi....

» Vous ne la voyez pas, ajoute-t-elle, elle est là, elle nous regarde, elle sourit..., maintenant elle tourne la tête.... Voyez ses pieds.... Sa ceinture vole. Voyez, elle a le chapelet roulé autour de son bras... oh! elle est si belle!

Bernadette se remit à genoux, fit un grand signe de croix, entra dans l'immobilité, et récita son chapelet, le corps tendu comme si une force d'en haut la tirait; pâle, les lèvres décolorées, les yeux élevés et fixes, elle restait là, comme une statue de sainte en extase. Il fallut la tirer de force pour l'arracher à cette sublime Vision.

II. — *La troisième apparition.*

Les parents de Bernadette ne doutaient pas de la sincérité de leur enfant, et ne lui défendirent plus d'aller à la grotte.

Plusieurs personnes vinrent chez eux pour interroger Bernadette. Le jeudi 18, deux d'entre elles, Mme Millet et une jeune fille de la Congrégation de la Sainte-Vierge, Antoinette Peyret, accompagnèrent Bernadette à la grotte.

Dès son arrivée, l'enfant voit la belle Dame qui lui demande « de venir à cette grotte pendant quinze jours. »

— Je lui promis, dit Bernadette; l'*image* alors sourit et me fit un signe de satisfaction.

A la promesse de Bernadette, elle répondit par un solennel engagement.

— Et moi, dit-elle, je vous promets de vous rendre heureuse, non point dans ce monde, mais dans l'autre.

A l'enfant qui lui accordait quelques jours, dit M. Lasserre, elle assurait en compensation l'éternité.

— Demande-lui, dirent les deux femmes, si elle nous permet de revenir avec toi.

Bernadette s'adressa à l'Apparition.

— Elles peuvent revenir avec vous, répondit la Vierge, elles et d'autres encore. Je désire y voir du monde.

III. — *Quatrième apparition.*

Le vendredi 19, à l'aube du jour, l'enfant arrivait devant la grotte, accompagnée de ses parents et suivie d'une foule considérable. Cette foule, témoin multiple de ce prodige, fut avertie de la présence de l'Être surnaturel par la transformation du visage de l'enfant; elle pâlissait légèrement, comme si la nature fléchissait quelque peu en présence de l'Apparition qui se manifestait devant elle. Tous ses traits montaient, et entraient comme dans une région supérieure, comme dans un pays de gloire, exprimant des sentiments et des choses qui ne sont point d'ici-bas. La bouche entr'ouverte était béante d'admiration et paraissait aspirer le ciel. Les yeux fixes et bienheureux contemplaient une beauté invisible qu'aucun autre regard n'apercevait, mais que tous sentaient présente, que tous, pour ainsi dire, voyaient par réverbération sur le visage de l'enfant. Cette pauvre petite paysanne, si vulgaire en l'état habituel, semblait ne plus appartenir à la terre.

A un certain moment, l'Apparition parut reculer et comme s'enfoncer dans l'intérieur du rocher. Pour ne point la perdre de vue, la petite se rapprocha du fond de la grotte en se traînant à genoux. Le visage de la belle Dame devint tout à coup triste, et ses yeux versaient des larmes comme à la Salette.

Bernadette s'enhardit à lui demander :

— Qu'avez-vous? que faut-il faire ?

— *Priez pour les pécheurs*, répondit la Mère de miséricorde.

Et les assistants virent deux grosses larmes rouler sur les

joues de Bernadette, tout émue de la douleur de la divine Mère. La joie reparut bientôt sur le visage de l'enfant, parce que celui de la Vierge avait repris sa grâce et sa sérénité.

Un instant après, la Vision avait disparu.

IV. — *Premières épreuves.*

Il faut lire, dans le livre de M. Lasserre, l'histoire des contradictions et des persécutions suscitées à la petite Voyante par la police et les incrédules. Le commissaire Jacomet, dont M. Lasserre a tracé une caricature immortelle, fit arrêter Bernadette et la fit comparaître devant lui. Il mit tout en œuvre : bonté feinte, sarcasme, intimidation, menaces, promesses, il employa tout pour dérouter la pauvre petite. Comme elle disait la vérité, elle n'avait qu'à répondre selon la vérité ; et c'est cette vérité même qui déconcertait le commissaire. Bernadette était tranquille et ferme ; la Sainte Vierge assistait évidemment son enfant privilégiée.

— Quelle fermeté inébranlable dans ses dépositions ! disait au commissaire un témoin de l'interrogatoire. Quel accent de vérité ! Il est évident qu'elle croit avoir vu. Elle est sincère.

Jacomet porta l'affaire jusqu'à la préfecture et jusqu'au parquet. Bernadette, déclarée folle de par le préfet, fut sur le point d'être arrachée à son père et à sa mère pour être enfermée dans une maison d'aliénés. Sans l'énergie vraiment sacerdotale du vénérable curé de Lourdes, le crime était accompli.

Maintes fois les parents de Bernadette furent menacés, ainsi qu'elle-même. Mais rien ne put fléchir la tranquille fermeté de la pauvre petite enfant. C'était elle qui rassurait les siens effrayés. Elle leur répétait :

— Ils ne feront pas tout ce qu'ils disent, et *Dieu* est plus fort qu'eux. Ne craignez pas. Faites comme moi : je n'ai pas peur. S'ils me mettent en prison, ils auront la peine de m'en retirer.

Cependant le père Soubirous, intimidé par le commissaire de police, avait défendu à sa fille de retourner à la grotte. Bernadette ne savait pas plus désobéir que mentir. Le lundi 22 février, elle fut envoyée à l'école où elle se vit tournée en ridicule par quelques enfants et même par les religieuses. Elle sortit, le cœur gros, ne voulant pas désobéir à son père, et en même temps, croyant mal faire en ne tenant pas la promesse qu'elle avait faite à la Dame de retourner à la grotte.

V. — *Le retour du beau temps.*

Le Ciel se chargea de résoudre ce problème. A l'instant où l'enfant sortait de l'école, une force irrésistible s'empara d'elle et l'entraîna vers la grotte, comme une feuille enlevée par le vent. Elle se mit à genoux pour réciter son chapelet. Le temps s'écoula, et la Vierge ne se montra pas. Quelle épreuve pour l'enfantine bergère !

— Ai-je commis quelque faute? pensait-elle. J'ai désobéi à mon père, mais je n'ai pu m'empêcher de venir ici.

A toutes les questions, elle répondait les larmes aux yeux :

— Aujourd'hui je n'ai rien vu, je ne sais pas pourquoi?

— D'où viens-tu, lui dit son père? Tu dis qu'une force t'a emportée malgré toi.... Je te crois, tu n'as jamais menti.... Eh bien, je ne te défends plus d'aller à Massabielle.

Le lendemain, mardi 23 février, sixième jour de la quinzaine, Bernadette arrive devant la grotte, et bientôt elle entend une voix connue qui l'appelle par son nom.

— *J'ai à vous dire,* disait la voix, *un secret qui vous concerne seule ; me promettez-vous de ne jamais le révéler à personne ?*

— Je vous le promets.

L'entretien continua. Aucun des assistants ne l'entendit.

— Comment ! vous ne l'avez pas entendue ? disait l'enfant au sortir de son extase. La Dame parlait cependant tout haut. Elle a une voix si fine, si douce !

CHAPITRE IV

Ce que voulait la sainte Vierge.

I. — *Les trois secrets.*

Bernadette a reçu trois secrets qui la regardent seule, avec ces mots formels de Marie :

— Je vous défends de le dire à personne.

La Mère de Dieu lui a aussi enseigné une prière, en la lui faisant répéter mot par mot avec une maternelle condescendance. Cette prière, l'enfant la récitait à toutes les apparitions ; mais les plus vives instances n'ont pu obtenir qu'elle la fît connaître.

Elle entendit aussi une parole qui lui donnait sa mission publique. La grotte désormais sacrée et les témoignages de sa présence ne suffisaient pas à Marie pour l'œuvre de sa miséricorde. Il lui fallait la main des hommes pour perpétuer ces souvenirs et l'aider dans ses desseins sur les âmes.

II. — *La mission de Bernadette.*

La Dame dit à l'enfant :

— *Allez dire aux prêtres qu'il doit se bâtir ici une chapelle et qu'on doit y venir en procession.*

Bernadette se rendit auprès de M. le curé de Lourdes pour lui faire cette commission.

— Je ne puis, répondit M. le curé à l'enfant, m'en rapporter à toi, tu le comprends. Dis à cette Dame qu'il faut qu'elle se fasse connaître. Si elle est la sainte Vierge, qu'elle le montre par quelque miracle. Elle t'apparaît, me dis-tu, sur un rosier sauvage. Nous sommes en février : dis-lui, de ma part, que si elle veut un sanctuaire, qu'elle fasse fleurir le rosier où elle t'apparaît.

Bernadette revint le lendemain au presbytère.

— Eh bien, lui demanda le curé, l'as-tu vue encore aujourd'hui ?

— Je l'ai vue et je lui ai dit : « M. le curé vous demande quelque preuve, par exemple, de faire fleurir le rosier qui est sous vos pieds, parce que ma parole ne suffit pas aux prêtres, et qu'ils ne veulent pas s'en rapporter à moi. » Alors elle a souri, mais sans parler.

Pendant que l'enfant contemplait l'Apparition, on la vit baiser la terre, puis se traîner sur les genoux, et, en touchant souvent le sol de ses lèvres, monter la raide pente qui s'élevait en face d'elle vers le rosier. La Vision lui avait dit :

— *Vous prierez Dieu pour les pécheurs.... Vous baiserez la terre pour la conversion des pécheurs.*

III. — *Les pauvres pécheurs.*

Depuis lors, la pénitence pour les pécheurs fut recommandée à Bernadette. Elle montait et descendait une seule fois pendant l'apparition et toujours en silence. Un jour seulement on l'entendit, pendant sa marche, prononcer ces mots : « PÉNITENCE ! PÉNITENCE ! PÉNITENCE ! »

Plus d'un an après, des ecclésiastiques disaient à l'enfant :

— Mais c'est bien étrange que la sainte Vierge vous ait demandé tout cela ! ce sont des choses extraordinaires et qui ne paraissent pas raisonnables.

Elle répondit en baissant les yeux, et d'un ton pénétré qui les frappa :

— Ah ! pour la conversion des pécheurs !...

Le cœur de Marie se révélait. Les pécheurs ! voilà ceux qu'elle appelle par l'humiliation et la prière de Bernadette. Les pécheurs ! voilà ceux qu'elle cherche aussi par les miracles sans nombre qui s'opéreront dans cette grotte privilégiée. Si dans ce lieu elle fait jaillir une source de guérisons prodigieuses, c'est surtout pour y attirer les âmes malades et pour annoncer aux malheureux qui tremblent à la pensée de la justice divine qu'ils trouveront dans ce creux de rocher le *Refuge des pécheurs.*

Le jeudi 25 février, huitième jour de la quinzaine, la Vision dit à la Voyante :

— Ma fille, je veux vous confier, toujours pour vous seule, un dernier secret.

Bernadette écoutait l'ineffable harmonie de cette parole si douce, si maternelle et si tendre, qui charmait, il y a dix-huit cents ans, les oreilles de l'Enfant-Dieu à Nazareth.

IV. — *La source miraculeuse.*

Puis la Dame ajouta :

— *Allez boire à la fontaine et vous y laver, et mangez de l'herbe qui est là.*

L'enfant, qui n'avait pas remarqué de *fontaine,* se disposait à s'approcher du Gave dont les eaux tumultueuses couraient, à quelques pas de là, à travers les cailloux et les roches brisées. Mais la Vision indiquait des yeux et de son bras étendu l'endroit où elle l'invitait à se rendre. C'était au fond de la grotte, où il n'y avait jamais eu de source. Bernadette y monta et, ne voyant pas d'eau, confia d'un regard son embarras à la Dame du rocher. Sur un nouveau signe, l'enfant se baissa et se mit à gratter la terre avec ses petits doigts. Tout à coup une onde mystérieuse filtra sous ses mains; mais, mêlée à la terre, elle était toute bourbeuse. Trois fois la bergère la porta à ses lèvres, trois fois elle la rejeta, sans avoir pu vaincre sa répugnance. Enfin elle la surmonta : sur un regard de la Dame, elle aspira ce mélange bourbeux; puis, en prenant encore de cette eau dans le creux de sa main, elle la passa toute ruisselante sur son visage.

— Oh! voyez donc, voyez, disait-on, comme elle se salit, cette pauvre enfant!...

Bernadette, de ses doigts mouillés, cueillait en ce moment quelques brins d'herbe qui poussaient dans le fond de la grotte; elle les mangea.

La Dame disparut en récompensant d'un sourire sa petite ouvrière.

Cependant l'eau de la source naissante grandissait à vue d'œil. Au bout de quelques jours, elle coulait gros comme le bras d'un enfant. Dans la suite, on l'a mesurée avec une précision mathématique : dès les premières semaines, elle donnait *quatre-vingt-cinq litres par minute, cinq mille litres par heure;* c'est-à-dire, *par jour, cent vingt-deux mille quatre cents litres.*

V. — *Nouvelle épreuve.*

Le lendemain, 26 février, l'Apparition ne se montra pas, peut-être pour prémunir l'enfant contre le danger de la vaine gloire. On commençait à la vénérer et à dire quand elle passait :

— Voici la sainte.

Humiliée et désolée de l'absence de la belle Dame, Bernadette s'en retourna en pleurant.

À la place de l'Apparition accoutumée, la foule pouvait voir la source, vivant témoignage de la toute puissance de la Dame mystérieuse. Le bon curé de Lourdes avait demandé un signe ; au lieu du très petit qu'il avait cru devoir désigner, la Vierge venait de lui en donner un très grand, et non seulement à lui, mais à tous. Le rosier fleuri n'eût été qu'un simple miracle, un miracle d'agrément, bien frêle, bien passager : la source surnaturelle était non seulement un miracle et un grand miracle, mais un miracle permanent, une source intarissable de miracles.

Ce jour-là, cette source merveilleuse opéra son premier prodige sur Louis Bourriette. On la lira dans l'ouvrage de M. l'abbé Barbi.

La quinzaine sacrée approchait de son terme. La Sainte Vierge continuait à se montrer chaque matin à sa chère petite Bernadette ; et les foules, accourues de vingt à trente lieues à la ronde, avaient toujours sous les yeux le même prodige, de plus en plus impressionnant, de plus en plus fécond en grâces et en enseignements : la transfiguration de l'humble enfant, le saisissement d'un peuple immense.

LOUIS BOURRIETTE

Tout continuait à se passer avec le plus grand ordre. On puisait à la source, on chantait des cantiques, on priait.

En chacune de ces apparitions, Bernadette renouvelait les actes de pénitence que nous avons racontés. Sur l'ordre de la Sainte Vierge, elle allait boire à la source, et quelquefois on l'y vit puiser à plusieurs reprises.

Le mardi, 2 mars, Bernadette se rendit de nouveau auprès de M. le curé de Lourdes et lui parla une seconde fois au nom de l'Apparition.

— *Elle veut,* répéta l'enfant, *qu'on lui élève une chapelle à la grotte et qu'on y vienne en procession.*

CHAPITRE V

Le nom.

I. — *L'église.*

Les faits avaient marché ; la source miraculeuse avait jailli ; des miracles certains, avérés, étaient venus témoigner de la véracité de Bernadette et de la réalité des apparitions ; malgré sa prudence, le digne curé était pleinement convaincu. Il avait, comme tout le monde, le sentiment intime que c'était la Sainte Vierge qui opérait toutes ces merveilles.

— Je te crois, dit-il à Bernadette. Mais ce que tu me demandes au nom de l'Apparition ne dépend pas de moi ; cela dépend de Mgr l'Évêque, que j'ai déjà instruit sur ce qui se passe. Je vais me rendre auprès de lui et lui faire part de ce que tu me demandes. C'est à lui seul qu'il appartient d'agir.

M. Peyramale se rendit, en effet, à Tarbes ; il exposa les faits au vénérable Mgr Laurence, qui résolut d'excéder, s'il est possible, en prudence, de laisser mûrir ce fruit, et de se contenter, pour le moment, de jeter les bases d'une enquête juridique où tous les faits passés, présents, futurs, seraient examinés avec la plus scrupuleuse impartialité, en attendant un jugement en règle.

II. — *La quinzaine finie.*

Le lendemain, mercredi 3 mars, l'affluence à la grotte fut immense, malgré des cordons de troupes et des pelotons de gendarmerie que l'autorité civile avait niaisement échelonnés sur le chemin des Roches Massabielle, comme si ces réunions eussent menacé de dégénérer en émeute. Les craintes, on pouvait même dire les espérances de ces hommes à courte vue furent déçues : l'ordre le plus parfait ne cessa de régner dans cette multitude, durant tout le jour.

Le jeudi, 4 mars, était le dernier jour de la quinzaine.

Lorsque l'aurore commença à blanchir à l'horizon, une multitude plus prodigieuse encore que les jours précédents inondait les abords de la grotte. Ceux qui n'avaient pas assisté au spectacle surhumain et ceux qui l'avaient vu déjà, voulaient se trouver à la clôture de cette série de longues merveilles.

Un sentiment commun tenait en haleine cette innombrable assemblée : l'attente vague de quelque grand spectacle. Il semblait à tous que la quinzaine des apparitions ne pouvait se terminer que par un événement éclatant. Quelques-uns pensaient à un miracle opéré sur Bernadette ou accompli par elle.

Selon sa coutume, Bernadette entendit la sainte messe avant de partir. Au sommet du rocher, un gendarme l'attendait ; il marcha devant elle, le sabre nu, pour ouvrir la foule. Des planches avaient été disposées près de la grotte pour lui faciliter le passage. Sans ces précautions, il paraissait impossible qu'elle traversât les masses compactes des spectateurs.

Quand l'enfant se prosterna, tout le peuple, d'un mouvement unanime, tomba à genoux. Un silence extraordinaire régnait au milieu de cette multitude.

III. — *L'apparition du 4 mars.*

Bientôt l'extase commença, paisible, lumineuse, comme chaque jour. L'enfant alla boire à la fontaine, accomplit, en effleurant la terre de ses genoux et de ses lèvres, la pénitence accoutumée pour les pécheurs. Mais rien de nouveau ne signala encore cette apparition du 4 mars. Bernadette reçut, comme les jours précédents, l'ordre d'aller parler aux prêtres et de leur dire qu'Elle voulait une chapelle et des processions en ce lieu.

L'enfant avait prié l'Apparition de lui dire son nom. Mais la « Dame » rayonnante n'avait point répondu à cette question. Le moment n'était point encore venu. Ce nom, il fallait qu'il s'écrivît auparavant sur la terre et qu'il se gravât dans les cœurs par d'innombrables œuvres de miséricorde. La Reine du ciel voulait être devinée à ses bienfaits; Elle attendait que la clameur reconnaissante de toutes les bouches la nommât et la glorifiât avant de répondre et de dire : « Votre cœur ne vous a pas trompés : c'est bien Moi. »

Mais la Vision ne voulait point que ce jour mémorable se terminât sans une manifestation éclatante de sa bonté. Un grand miracle, un miracle *maternel*, fut la digne clôture de la quinzaine des miracles. C'est la guérison du petit Justin Bouhohorts.

Depuis le dernier jour de la quinzaine, la petite Bernadette allait tous les jours à la grotte. Elle y disait son chapelet, comme les autres pèlerins ; ses yeux restaient longtemps plongés dans le creux de la roche ; mais la douce Vision n'apparaissait plus, et ses transfigurations avaient cessé.

Le temps des promesses était expiré. Cependant le peuple espérait toujours revoir la merveilleuse extase, et chaque fois que l'enfant passait vers Massabielle, on se précipitait sur ses pas. Avec elle on croyait aller à la rencontre de la Vierge. Bernadette ne pouvait s'attendre à la trouver. La voix intérieure qui avertissait son âme et l'appelait irrésistiblement à la grotte, quand l'Apparition devait venir pendant la quinzaine, se taisait depuis lors.

IV. — *Le nom.*

Cette voix, elle l'entendit de nouveau le 25 mars dans la matinée, et elle prit aussitôt le chemin des Roches Massabielle. Son visage rayonnait d'espérance. Elle sentait en elle-même qu'elle allait revoir « la belle Dame, » et que, devant ses yeux charmés, le paradis allait entr'ouvrir un instant ses portes éternelles.

C'était l'anniversaire du jour où l'ange Gabriel était descendu vers la très pure Vierge de Nazareth et l'avait, au nom du Seigneur, saluée *pleine de grâce*. L'Église célébrait la fête de l'Annonciation. Ce fut aussi un grand jour dans l'histoire des apparitions.

Bernadette avait déjà plusieurs fois prié la Dame mystérieuse de lui dire son nom. Elle n'avait obtenu que des sourires. Dans cette nouvelle extase, se souvenant que M. le curé lui avait recommandé instamment de le lui demander, si elle la voyait encore, elle dit :

— O ma Dame! voulez-vous avoir la bonté de me dire qui vous êtes et quel est votre nom?

La royale Apparition sourit et ne répondit point.

— O ma Dame! reprit l'enfant avec insistance, voulez-vous avoir la bonté de me dire qui vous êtes et quel est votre nom?

Encore un plus long et plus divin sourire sur les lèvres muettes de l'Apparition.

— O ma Dame! continua l'enfant, je vous en prie, veuillez avoir la bonté de me dire qui vous êtes et quel est votre nom?

Du sein de l'auréole, l'Apparition envoie à la chère enfant un nouveau sourire, le dernier, sans doute le plus ravissant.... Puis la Dame détacha son regard de Bernadette, disjoignit les mains faisant glisser sur son bras droit le chapelet au fil d'or et aux grains d'albâtre. Elle ouvrit alors ses deux bras et les inclina vers le sol, comme pour montrer à la terre ses mains virginales, pleines de bénédictions. Ensuite, les élevant vers l'éternelle région d'où descendit, à pareil jour, le divin messager de l'Annonciation, Elle les rejoignit avec ferveur, sa tête se fixa, et, plus rayonnante que jamais, l'œil plongé dans la gloire du ciel, elle dit :

— Je suis l'Immaculée Conception.

Sans autre regard sur l'enfant et sans autre sourire, Elle disparut dans la même attitude, laissant à l'âme de Bernadette cette image et ce nom.

V. — *Pourquoi.*

La petite bergère avait hâte et grande joie d'aller dire à M. le curé le nom enfin connu de la Dame. Mais elle ne comprenait point du tout ces mots : *Immaculée Conception.* C'était tout à l'heure, dans la splendeur de l'Apparition, qu'elle les avait entendus pour la première fois de sa vie. Et, ne les comprenant point, elle faisait, en retournant à Lourdes, tous ses efforts pour les retenir.

— Je les répétais en moi-même tout le long du chemin pour ne les point oublier, disait-elle à M. Lasserre, et, jusqu'au presbytère où j'allais, je disais : *Immaculée Conception, Immaculée Conception,* à chaque pas que je faisais, parce que je voulais porter à M. le curé les paroles de la Vision, afin que la chapelle se bâtit.

Le pasteur comprit ; le peuple comprit. On ne s'était point trompé. C'était elle, la Vierge Marie, la Mère de Dieu. Mais on n'attendait pas le nom de sa bouche. On ne pouvait penser qu'elle donnerait à la grotte, à la ville de Lourdes, aux

Pyrénées, à Pie IX, au monde, la joie de se faire un nom avec le privilège glorieux que, depuis quatre ans, la terre catholique, après son Père et son Pontife, célébrait dans un infatigable élan d'admiration et d'amour.

Nulle part au monde et dans aucune de ses innombrables apparitions. Elle ne s'était appelée de ce nom.

Marie, avec sa parole inattendue, fait à la grotte de Lourdes sa gloire unique, sa destinée, d'être le sanctuaire, seul marqué par le Ciel, de l'Immaculée Conception.

Les pèlerins ont, en ce mot, toute leur prière ; il contient le secret de leurs espérances. Dans les merveilles de Lourdes, Dieu prépare une glorification nouvelle à l'Immaculée Conception. C'est pour l'honneur de l'Immaculée Conception, c'est par la vertu de l'Immaculée Conception que les guérisons jailliront de la fontaine ; c'est encore dans la grâce de l'Immaculée Conception que les pécheurs puiseront les joies de la miséricorde. Les cierges allumés sous le rocher honoreront de leurs feux la pureté sans tache de Marie ; c'est l'Immaculée Conception que les peuples viendront célébrer dans leurs processions innombrables et magnifiques, et les pierres de la chapelle demandée loueront toutes l'Immaculée Conception.

VI. — *Nouvelle apparition.*

Le lundi de Pâques, 5 avril, la Mère de Dieu avait fait de nouveau entendre un appel intérieur à sa fille bien-aimée, et l'enfant, bientôt suivie d'une foule immense, s'était rendue à la grotte où, comme précédemment, le ciel s'était ouvert devant elle et lui avait laissé voir la Vierge Marie dans sa gloire.

Ce jour-là, il y eut un spectacle qui étonna plus que toutes les merveilles passées, et finit de démontrer le caractère divin des visions.

Le cierge que Bernadette avait apporté ou qu'on lui avait donné était très grand, et elle l'avait appuyé par terre en le soutenant par le bout entre les doigts de ses mains à demi jointes. La Vierge lui apparut. Et voilà que, par un mouvement instinctif de contemplation, la Voyante, tombant en extase devant la Beauté immaculée, éleva un peu les mains et les laissa reposer doucement et sans y songer sur le bout du cierge allumé. Et alors la flamme se mit à passer entre ses doigts légèrement entr'ouverts et à s'élever au-dessus, oscillant çà et là, suivant le moindre souffle du vent. Bernadette pourtant demeurait immobile et abîmée dans la céleste contemplation, ne s'apercevant même pas du phénomène qui faisait la stupéfaction de la multitude. Les témoins se pressaient les uns sur les autres pour mieux voir. On s'alarmait à côté d'elle, on cria :

— Elle se brûle!... elle se brûle!...

L'enfant souriait, toujours immobile, toujours sereine.

— Laissons faire, dit-on à des personnes qui voulaient prendre le cierge ; évidemment elle ne sent pas le feu. Voyons ce qui arrivera.

Un médecin observait l'enfant. Stupéfait, il tira sa montre. La flamme continua de brûler; les mains restèrent sans le moindre frémissement plus d'un quart d'heure. Tous les regards qui pouvaient atteindre Bernadette virent la flamme monter par-dessus les doigts entrelacés. On disait doucement :

— Miracle! miracle!

4

Jamais il n'y avait eu pareil étonnement encore à la grotte. Enfin ses mains se séparèrent. Le docteur les prit et les examina : elles étaient intactes et blanches. La flamme avait respecté la chair virginale de la Voyante.

Après l'extase, quand Bernadette fut revenue à la vie ordinaire, un des spectateurs approcha de la main de l'enfant la flamme du cierge encore allumé.

— Oh! vous me brûlez, cria-t-elle en se retournant vivement.

Un prodige si manifeste et si touchant laissa une impression profonde. C'était la dix-septième apparition et la quinzième de celles où la Vierge avait appelé les multitudes comme témoins de ce tête-à-tête dont le mystère était à la fois si profondément secret et si admirablement découvert. Il y eut, ce jour-là, plus de neuf mille personnes autour de Bernadette.

CHAPITRE VI

La fin des apparitions.

I. — *Le spectacle divin finit.*

Le spectacle divin finit pour les foules le 5 avril. Pour la dernière fois devant elles, la blanche Dame du rosier fit briller le reflet de sa gloire sur le visage angélique de l'enfant transfigurée, montra la puissance de sa beauté dans l'extase de cette âme enlevée par un irrésistible ravissement. Elle voulut, ce jour-là, se rendre à elle-même un témoignage triomphant.

Bernadette devait revoir une fois encore la céleste Vision, mais presque seule et longtemps après ce jour, pour être fortifiée et consolée au milieu de ses dernières épreuves.

II. — *La dernière apparition.*

Ce fut le soir du 16 juillet, fête de Notre-Dame du Mont-Carmel (1). Bernadette sentit comme autrefois le mystérieux

(1) Cette date rapproche, dans la bénigne miséricorde de Marie comme dans la confiance des hommes, son antique montagne du Carmel et les roches de Lourdes devenues une montagne aussi. Elle met à côté l'un de l'autre le saint religieux qui reçut de la Dame du Carmel le Scapulaire, et l'humble enfant qui, au nom de la Dame de Massabielle, ouvrit la fontaine des Miracles et porta au monde ce nom si riche d'espérance : JE SUIS L'IMMACULÉE CONCEPTION.

attrait qui l'appelait au rendez-vous de la grotte. Elle en
parla dans sa famille. Sa plus jeune tante s'offrit à l'accompagner. Deux personnes de Lourdes, qui avaient témoigné un
vif désir de suivre un jour Bernadette dans l'espoir de voir
l'extase, furent averties, et toutes quatre partirent ensemble.

La grotte était alors fermée par l'arrêté du préfet, et Bernadette, moins qu'une autre, n'avait le droit d'aborder ce sol
interdit. Elle descendit avec ses compagnes par les prairies
de *la Ribère* qui bordent la rive opposée du Gave, et elle
s'agenouilla à distance, en face de la grotte. Le crépuscule
arrivait.

Tout à coup les mains jointes de la bergère se séparent et
tombent comme par un mouvement de surprise. Aux dernières lueurs du jour, ses compagnes la contemplent dans
sa pâleur radieuse, dans la béatitude de son regard perdu
au fond de la gloire et des beautés de la céleste Apparition.

Le Gave, qui la séparait de là grotte, avait en quelque
sorte cessé d'exister aux yeux de l'extatique. Elle ne voyait
devant elle que la roche bénie, dont il lui semblait être aussi
près qu'autrefois, et la Vierge immaculée qui lui souriait
doucement, comme pour confirmer tout le passé et illuminer
tout l'avenir. Aucune parole ne sortit dès lèvres divines. A
un certain moment, elle inclina la tête vers l'enfant, comme
pour lui dire un « Au revoir » très lointain ou un adieu
suprême; puis, elle disparut et rentra dans les cieux. Ce
fut la dix-huitième apparition; ce devait être la dernière.

Bernadette parla de la Vision avec une profonde impression de bonheur. Jamais l'Immaculée ne lui avait apparu si
glorieuse. Aux premiers rayons qui l'annoncèrent, elle n'avait
plus rien vu, ni Gave, ni barrière devant le rocher. C'était

absolument comme à la grotte : la Vierge, rien que la Vierge et sa blanche robe, et son voile, et sa ceinture bleue, et son auréole, et son doux regard, et ses sourires....

Cette apparition presque solitaire a été uniquement pour elle. On l'a peu connue, et elle n'a eu aucune influence sur la croyance du peuple chrétien.

La pauvre petite Bernadette avait rempli sa mission avec une simplicité pleine de courage, avec un dévouement plus fort que toutes les épreuves. Pour la Dame du rocher, elle avait combattu, elle avait souffert ; elle devait souffrir et combattre encore. Le retour inespéré de la sainte Vierge témoigna qu'elle était contente de son enfant, et, dans les ineffables joies de ce quart d'heure du ciel, elle lui porta la récompense du passé avec la force de l'avenir.

III. — *La voix de l'Église.*

Mgr Laurence, évêque de Tarbes, après avoir pris toutes les informations nécessaires par lui-même et par une commission d'enquête, composée d'ecclésiastiques, de médecins et de savants, publia, le 18 janvier 1862, son décret, portant jugement sur les faits de Lourdes, et les pèlerins purent lire l'article premier affiché à la grille de la grotte.

« Nous jugeons, que l'*Immaculée Marie*, *Mère de Dieu*, a réellement apparu à Bernadette Soubirous, le 11 février 1858 et jours suivants, au nombre de dix-huit fois, dans la grotte de Massabielle, près de la ville de Lourdes ; que cet apparition revêt tous les caractères de la vérité, et que les fidèles sont fondés à la croire certaine. »

Dans l'article troisième de son mandement, Monseigneur disait :

« Pour nous conformer à la volonté de la Sainte Vierge, plusieurs fois exprimée lors de l'apparition, nous nous proposons de bâtir un sanctuaire sur le terrain de la grotte, qui est devenue la propriété des évêques de Tarbes. »

Pour l'érection de ce monument, Mgr l'évêque faisait appel à tous les catholiques jaloux de la gloire de l'Immaculée Conception.

Les dons affluèrent, et les travaux commencèrent au mois d'octobre 1862. Quatre ans après, le 21 mai 1866, la Sainte messe fut célébrée pour la première fois dans la crypte qui devait porter le nouveau sanctuaire.

IV. — *La basilique.*

La Sainte Vierge avait seulement demandé *une chapelle*. La reconnaissance et la générosité de ses enfants lui ont élevé une magnifique église. Au-dessus de la grotte, des travaux gigantesque ont aplani le roc; on a élevé des remparts comme pour une forteresse ; on a construit dans les airs une double église avec sa crypte, qui nous rappelle la basilique de Saint-François, à Assise. Elle ne fait plus qu'un avec le rocher, auquel elle est comme soudée. Cette belle église est devenue le joyau des Pyrénées; de loin, elle semble bâtie en marbre blanc; elle s'élève pure, éblouissante, comme le dogme qu'elle affirme, dans les airs.

« Le 13 mars 1874, le Souverain Pontife, suivant les exemples de ses illustres prédécesseurs, qui ont voulu que

PIE

les sanctuaires sacrés devenus célèbres par la magnificence
des édifices, la splendeur du culte, la vénération des fidèles,
fussent aussi rendus plus augustes par des honneurs parti-
culiers et par des privilèges qu'ils leur accordaient selon les
temps et les circonstances; de telle sorte que les temples
les plus illustres fussent les plus honorés, a élevé et établi
au rang de *basilique mineure* l'église bâtie sous le vocable
de l'*Immaculée Conception* de la Mère de Dieu, dans la cité
de Lourdes, en lui conférant tous les droits, privilèges,
prérogatives, honneurs et préséances qui appartiennent aux
basiliques mineures, soit par le droit, soit par la coutume. »

V. — *Pie IX à Lourdes.*

Mais ce n'était pas assez pour Pie IX d'avoir élevé au
rang des basiliques la chapelle que Marie avait demandée à
sa petite bergère; il a voulu placer une brillante couronne
sur la tête de la Patronne de ce magnifique sanctuaire. Le
3 juillet 1876 avait été fixé par Mgr l'évêque de Tarbes
pour cette grande cérémonie. Au matin de ce jour mémorable, Mgr Meglia, envoyé par le Saint-Père pour couronner,
en son nom, la statue de Notre-Dame de Lourdes, célébra
une messe solennelle sur la vaste esplanade du Rosaire. Il
était entouré de trente-cinq archevêques et évêques, de trois
mille prêtres et de cent mille fidèles. La messe pontificale
terminée, la couronne fut placée au milieu de l'assemblée
des évêques. Le nonce apostolique, délégué par le Saint-
Père, bénit, au nom de Sa Sainteté, ce nouveau diadème
qui allait orner le front de la Vierge Immaculée; puis il

gravit lentement les longs degrés qui conduisaient à la niche d'or, où souriait au-dessus de l'autel une douce et pieuse image de Notre-Dame de Lourdes. Le pontife s'approcha tout ému et déposa la couronne bénite sur le front de la Reine du ciel.

Le 3 septembre 1876 fut le complément du 3 juillet. Un pèlerinage italien arrivait à Lourdes chargé d'offrir à la Vierge couronnée par le Saint-Père *une palme d'or*. En confiant ce trésor précieux au président et à l'organisateur de ce pèlerinage, Pie IX prononça ces paroles textuelles : « Voici cette palme; elle est le symbole de la victoire. J'ai donc pensé de l'envoyer à Marie, parce qu'elle est la Triomphatrice dans toutes les adversités. »

Oui, disons-le bien haut, à Marie convient la palme, parce qu'elle a triomphé du serpent infernal dès le premier instant de sa conception immaculée.

A Marie convient la palme, parce qu'elle est la grande Femme que Dieu a promise dès le commencement du monde; parce qu'elle est l'Étoile de Jacob; parce que toutes les nations l'ont proclamée Bienheureuse; parce qu'elle a été la compagne de Jésus dans sa douloureuse passion et dans tous ses triomphes. Marie a été la Triomphatrice dans toutes les adversités de l'Église, à elle la palme du triomphe.

VI. — *Les pèlerins.*

Pendant l'hiver, il n'y a guère que les gens du pays à visiter cet auguste sanctuaire; mais l'été, c'est une procession interminable. Toutes les routes de Lourdes, la terre et la mer, se couvrent de flots de pèlerins avides de contempler l'immortelle grotte, jaloux d'enrichir de leurs offrandes la splendide basilique, glorieux de suspendre une bannière à ses voûtes et fiers d'en décorer les autels.

Un mot seulement de cette multitude d'étendards aux couleurs riches et variées. Plus de *quatre cents* bannières apportées de tous les points de la France et des pays catholiques ont pris place dans la basilique de l'Immaculée Conception de Lourdes et lui donnent une incomparable beauté. Les hautes voûtes les laissent tomber comme de magnifiques trophées ; elles forment une tapisserie splendide dans toutes les baies du triforium, sur les murs du sanctuaire et dans les quinze chapelles absidales et latérales.

Un souffle de joie, d'espérance, de fête continuelle semble animer ces riches étoffes de soie, d'argent et d'or. Elles ont une voix qui parle à tous.

Ces étendards glorieux disent la foi de la France à la Vierge de la grotte ; ils célèbrent aussi les combats et les triomphes à travers les siècles de Celle qui a daigné s'appeler la « Reine de France. » C'est ici la résurrection de ses anciennes gloires, le rajeunissement de tous ses antiques sanctuaires au doux soleil de son Immaculée Conception.

CHAPITRE VII

Lourdes d'après Mgr de Ségur.

Avant de reprendre notre récit et de suivre Bernadette après les apparitions, il convient de se recueillir et de se demander quels enseignements l'âme chrétienne doit retirer de toutes ces merveilles.

I. — *Première conclusion.*

Voici comment Mgr de Ségur répond à cette question :

« Devant cet ensemble resplendissant de *miracles*, accumulés pour ainsi dire les uns sur les autres, et dont l'évidence s'impose à la bonne foi la plus vulgaire, réjouissons-nous d'être les enfants de la sainte Église catholique, que Dieu ne cesse de visiter, et à laquelle il continue de donner le témoignage divin par excellence, le témoignage des miracles. A l'origine, le miracle était la grande preuve de la vérité de la foi, quoiqu'il ne soit plus nécessaire aujourd'hui, le miracle n'en est pas moins utile à notre intelligence, et l'expérience montre avec quelle puissance il ranime, il console notre foi.

» Mais si la foi est divine est absolument certaine,

soyons conséquent avec nous-mêmes : pratiquons-là fidèlement, pratiquons-la énergiquement, coûte que coûte, sans
marchander. Nous sommes dans la vérité, nous possédons la
vraie lumière et la vraie vie : soyons chrétiens, soyons fervents.

II. — *Seconde conclusion.*

» En second lieu, concluons de toutes ces merveilles, non
seulement la légitimité, mais en outre l'excellence du culte de
la Très Sainte Vierge. Nous vivons dans un temps de demi-
rationalisme où beaucoup de chrétiens eux-mêmes sont remplis
de préjugés à l'égard de la piété : ne nous laissons pas
entamer par ce demi-protestantisme, et, en vrais chrétiens
de l'Église catholique, servons, aimons, honorons de toutes
nos forces la très sainte Vierge, Mère de Dieu et Reine des
élus. Pourvu que nous ne l'*adorions* pas (car l'adoration,
chacun le sait, est due à Dieu seul), pourvu que nous ne
l'adorions pas, nous sommes toujours au-dessous de ce que
nous lui *devons*. Quel est, dites-moi, le chrétien qui aimera,
qui honorera la bienheureuse Vierge autant que l'a aimée, l'a
honorée son divin Fils Notre-Seigneur ?

III. — *Troisième conclusion.*

» En troisième lieu, tirons, de la contemplation des
merveilles de Lourdes, un renouvellement d'esprit de foi et
de dévotion ardente au mystère de l'Immaculée Conception. Ce
mystère est la perle précieuse de notre siècle et le bouclier
de l'Église dans les luttes des derniers temps qui approchent.

» Qu'est-ce, en effet, que la grâce du mystère de l'Immaculée Conception, sinon la grâce du triomphe total de la Sainte Vierge sur Satan? Elle lui brise la tête, et, à cause de cela, il ne peut rien contre elle. De Marie, cette grâce d'innocence et de victoire découle sur l'Église, afin que l'Église, elle aussi, puisse triompher totalement du vieux serpent qui, depuis six mille ans, séduit le monde. Armée de la grâce de l'Immaculée Conception, assistée de sa Reine, la Vierge Marie conçue sans péché, l'Église écrasera la tête du serpent et triomphera de l'Antechrist. Nous tous, catholiques fidèles, enfants de Marie, membres vivants de Jésus, armons-nous de cette même grâce, marchons à cette lumière, et, suivant les traces bien-aimées de l'Immaculée, de la Vierge sans tache, menons une vie innocente et pure, forts dans la foi, fidèles à l'Eucharistie, fervents dans la prière.

» Le grand miracle de Lourdes, unique en son genre, est comme le couronnement céleste de la définition dogmatique du 8 décembre 1854; il semble en être l'écho, le reflet divin. La Vierge Immaculée et Pie IX, le mystère de l'Immaculée Conception et celui de l'infaillibilité pontificale ne doivent être séparés ni dans notre esprit, ni dans notre amour. »

IV. — *Résumé.*

La consolante évidence de la foi catholique, l'excellence du culte et de l'amour de la Sainte Vierge, la fidélité à la grâce souveraine du mystère de l'Immaculée Conception : telles sont, donc, au point de vue de la foi, les trois premières conclusions qui jaillissent, comme trois rayons de lumière, des merveilles que la miséricorde de Dieu a fait éclater dans ces dernières années à la grotte de Lourdes.

» Jamais la confiance en l'*Immaculée-Conception* ne saurait être trop grande, trop entière ; mais il faut que cette confiance soit toujours dominée par un profond amour de la volonté de Dieu et par la soumission la plus absolue aux voies secrètes par lesquelles nous conduit la Providence. *Toujours,* entendez bien ceci, *toujours* la Mère de miséricorde accueille et exauce nos prières ; mais elle les exauce à sa façon, non à la nôtre ; elle les exauce divinement, nous accordant ce qui est le mieux, le plus sanctifiant pour nous. La souffrance est si souvent la grâce des grâces et le plus réel de tous les biens ! Si la Sainte Vierge ne juge pas à propos de guérir les maux de notre corps, *toujours,* n'en doutez pas, elle obtient, elle accorde des grâces de résignation, de foi vive plus utiles mille fois que toutes les guérisons.

» Allons donc à la Vierge Immaculée de Lourdes avec ces sentiments élevés, seuls dignes de cœurs chrétiens ; et parce que nous n'aurons pas été, comme tant d'autres, l'objet d'un miracle, ne soyons pas assez simples pour croire inutile cette neuvaine, cet usage confiant de l'eau de la grotte, ce pèlerinage long et pénible, que n'a point couronné une guérison ardemment demandée, impatiemment attendue. Ce qui est hors de doute, c'est que *jamais* l'on n'implore en vain la Mère de Dieu, ce qu'on ne saurait trop recourir à son cœur maternel. »

V. — *Leçons pour la piété.*

Qu'enseigne à notre piété la céleste Apparition de la grotte ?

C'est encore Mgr de Ségur qui va nous l'apprendre.

« Au point de vue de la piété, dit cet éminent prélat, nous pouvons et nous devons tirer, de la contemplation de Notre-Dame de Lourdes, des conséquences pratiques de la plus haute importance.

» Toutes les fois qu'elle est apparue à la petite Bernadette, la Vierge Immaculée s'est montrée sous la même forme, avec les mêmes vêtements, dans la même lumière ; en un mot, avec le même ensemble de mystérieux détails, qui sont pour nous autant d'enseignements muets.

» D'abord, elle n'apparaissait jamais qu'enveloppée de lumière, et cette lumière était si pure, si splendide, si suave, que la terre n'en connaît point de semblable. — C'est le symbole de la divine lumière de la foi, dans laquelle nous plonge pour ainsi dire notre baptême, qu'alimente la sainte Eucharistie, et dont un vrai chrétien doit toujours être pénétré et enveloppé. La foi, c'est la vraie lumière, « la lumière de vie » dont nous devons briller devant le monde. Oui, nous devons rayonner la foi par la sainteté de notre vie, et cela, je le répète, en tout et partout. La foi, c'est l'atmosphère céleste du chrétien. N'en sortons jamais. La lumière de l'Apparition était tranquille et profonde : telle est aussi la foi catholique, en qui nous trouvons le repos de nos âmes.

» Dans ses miraculeuses apparitions, la Vierge de Lourdes

était belle, si belle que l'œil de Bernadette ne put jamais rien trouver qui lui pût être comparé. — La Sainte Vierge, notre Mère, nous enseigne par là que nous devons travailler à acquérir la beauté véritable, afin que le Ciel puisse nous contempler avec complaisance. La vraie beauté, ce n'est point celle qui frappe les yeux des hommes, comme la vraie richesse n'est pas celle que renferment les coffres-forts : la vraie beauté, c'est la beauté de l'âme ; c'est la beauté que Dieu voit, qui charme Jésus-Christ, qui attire les regards de sa Mère et de ses anges. Il ne dépend pas de nous d'être beaux aux yeux des hommes ; mais il dépend de nous, en nous unissant très intimement à Jésus par la grâce, de participer à ce qu'il est. Or, Jésus est la beauté infinie, et la beauté de la sainte Vierge, des anges et des bienheureux n'est que le reflet de sa divine splendeur. Plus nous ressemblerons à Jésus-Christ, plus nous nous revêtirons de lui par sa sainteté, et plus nous serons beaux de sa beauté, la seule qui ne passe pas. La belle Vierge de Lourdes est, devant nos yeux, le modèle parfait de cette beauté céleste dont elle veut voir resplendir l'intérieur de tous ses enfants.

» La robe de l'Apparition était blanche, mais d'un blanc si pur, si délicat, si splendide que jamais étoffe précieuse n'a su approcher de cet éclat. — La Vierge très pure montrait par là à Bernadette, et à nous tous en sa personne, de quelle pureté parfaite et délicate notre âme baptisée doit être revêtue devant Dieu. Le péché souille notre belle robe blanche, le moindre péché véniel, la moindre imperfection volontaire en ternit l'éclat : donc, évitons le péché et gardons-nous purs, immaculés, pour ressembler à notre Mère du ciel. Surtout, gardons avec un soin jaloux, avec une scrupuleuse vigilance, la pureté proprement dite, la très belle et très sainte chasteté. Chaste en son corps, chaste en son cœur, chaste en ses regards, en ses paroles, en ses pensées, en tout son être : tel doit être le vrai serviteur de Jésus et de Marie.

» Un long voile blanc, aussi pur, aussi éclatant que la robe, enveloppait l'Apparition tout entière ; de la tête, il tombait sur les épaules jusqu'aux pieds. — N'était-ce point l'image de ce qui enveloppe et conserve l'innocence : la pudeur ! La pudeur est cet ensemble de précautions, de vigilance, de mortifications qui enveloppent pour ainsi dire et qui conservent la pureté. Si nous voulons rester chastes, soyons modestes ; et que « la modestie du Christ, » comme dit saint Paul, soit le modèle et la règle de nos moindres actions.

» La blanche robe de l'Apparition de la grotte était comme nouée à la taille par une ceinture d'un bleu céleste. Bernadette disait que l'azur du ciel lui-même n'était ni aussi bleu ni aussi céleste. — Image de ce que doit être le cœur d'un fidèle, qui veut se garder pur au service de son Dieu. Or, c'est l'oraison, c'est le recueillement intérieur et l'union avec Jésus qui, dès ce monde, nous rendent ainsi tout célestes. « Si tu le veux, tu seras un ciel pour Jésus-Christ, » disait jadis saint Ambroise. Et saint Paul avait dit, au nom de tous les fidèles : « Notre vie est dans les cieux. » Vivons d'avance, par les aspirations de notre âme, là où nous sommes appelés à vivre éternellement.

» De plus, la ceinture qui retient le vêtement et le relève pour la liberté de la marche, est le symbole de ce que nous devons être par rapport au salut éternel : toujours prêts à partir, détachés de la terre, mortifiés, tempérants, libres et agiles dans la voie des commandements de Dieu.

» La Sainte Vierge apparaissait les pieds nus, et sur chacun de ses pieds brillait une rose lumineuse. Les pieds nus de Marie nous prêchent la pauvreté évangélique, cette belle et sublime vertu à laquelle le Sauveur a promis le royaume des cieux. « Bienheureux les pauvres en esprit, parce que le royaume du ciel est à eux. Et qu'est-ce que l'esprit de pauvreté, sinon le détachement sincère de toutes les choses de la terre, l'humilité de l'esprit et du cœur, la simplicité qui s'attache à Dieu seul et qui lui sacrifie sans hésiter tout ce qui ne s'accorde pas pleinement avec son saint amour?

» Rien de plus édifiant que cette humilité, que cette simplicité et pauvreté d'esprit : comme les roses de l'Apparition, elles répandent partout la bonne odeur de Jésus-Christ, le parfum divin de l'Évangile.

» Enfin l'Immaculée Vierge avait toujours les mains jointes pour la prière, et tenait, soit dans ses mains sacrées, soit suspendu à son bras, le beau rosaire blanc et or, que nous avons décrit au commencement d'après Bernadette. — Par là, Notre-Dame de Lourdes a voulu nous rappeler « qu'il faut toujours prier et ne jamais se lasser ; » que la prière doit être à notre âme ce que la respiration est à notre corps, et que la pureté, la ferveur, la sainteté se résument en ce seul mot : la prière.

» L'Apparition ne récitait point le rosaire ; mais elle nous le présentait, d'abord comme une excellente manière de prier utilement, de bien prier ; puis, parce que le rosaire ou le chapelet est la prière des simples, des petits et des pauvres. La bonne Vierge nous recommandait ainsi elle-même la fidélité au chapelet. Avons-nous tous un chapelet? le portons-nous habituellement sur nous? le disons-nous chaque jour? le disons-nous avec dévotion et recueillement?

» Tels sont les muets enseignements que nous donne l'*Immaculée Conception* de la grotte de Lourdes. Ne les oublions pas.

» Marie tenait ordinairement ses yeux admirables attachés sur la petite Bernadette : ce regard de la Reine du ciel est fixé sur chacun de nous ; oui, *Marie nous regarde,* comme *Jésus nous regarde....* Il ne faut jamais rien faire qui puisse contrister ce maternel regard.

» O douce Vierge ! gardez-nous au milieu des dangers du temps présent. Gardez le Pape, gardez l'Église, gardez tous vos enfants. Et donnez-nous de vous imiter si fidèlement sur a terre, que nous ayons le bonheur de vivre et de mourir en l'amour de votre Fils, notre Sauveur et Seigneur Jésus-Christ.

» Gloire au Ciel ! et sur la terre, gloire à l'*Immaculée Conception !* »

LIVRE SECOND

BERNADETTE APRÈS LES APPARITIONS

CHAPITRE PREMIER

Épreuves prédites.

I. — *L'office de l'Apparition.*

Dans l'hymne qui ouvre ce bel office que les enfants
dévoués de Notre-Dame de Lourdes ne sauraient assez mé-
diter, par deux fois, l'Église revient sur le triomphe que
la Sainte Vierge a remporté sur le démon et sur les attaques
auxquelles nous ne cessons pas d'être en butte de la part
des hordes infernales acharnées à notre perte.

Par deux fois, dans cette hymne, la liturgie revient sur
ce sujet. Elle nous montre l'Immaculée écrasant la tête du
serpent, et elle la conjure de le confondre et de réprimer
sa ruse et les assauts qu'il nous livre.

« Que n'a-t-il pas, en effet, essayé, dit le chanoine Michel,
contre la Vierge qui l'a vaincu? Quelles manœuvres n'a-t-il
pas mises en jeu pour battre en brèche la toute-puissance

divine et la miséricorde de Celle que le Seigneur lui a toujours opposée comme un mur d'airain contre lequel il devait se briser? « Vos ennemis, Seigneur, disait David, lècheront » la terre à vos pieds. » Tel a été, depuis le paradis terrestre, le rôle et le supplice de Satan et de ses suppôts. Jamais le surnaturel ne s'est produit dans ce monde, sous une forme ou sous une autre, sans qu'il ait frémi de rage et tenté de l'étouffer. L'apparition de la Très Sainte Vierge à Lourdes, qui seule nous occupe en ce moment, nous en fournit des preuves incontestables. Elles forcent l'adhésion des plus incrédules, et il n'est pas inutile, à l'heure où, avec l'Église, nous supplions Marie d'écraser encore la tête de son ennemi, de rappeler quelques faits. Ils sont hors de doute pour les esprits d'élite qui, après les avoir très sérieusement contrôlés, les ont passés au crible de la critique la plus sévère et la plus minutieuse. »

C'est le *Journal de Lourdes* qui l'a raconté, et nous l'allons répéter après cet organe si autorisé et si bien placé pour voir les choses exactement.

II. — *Les craintes du démon.*

« Celui que saint Pierre nous montre semblable à un lion, et rôdant sans cesse autour de nous pour chercher à nous dévorer, ne pouvait voir sans fureur le grand spectacle qui s'étalait au pied des Pyrénées. Toutes les humiliations des temps passés lui revinrent à la mémoire et le poussèrent à de nouvelles révoltes.

» Il savait par expérience que ce n'est pas sans danger

que l'on s'expose à lutter face à face contre Celle qui est
terrible comme une armée rangée en bataille. Il résolut donc
de prendre des moyens détournés et de la combattre, non
pas dans sa demeure, mais dans les projets qu'elle voulait
réaliser, pareil à ces malfaiteurs obscurs qui n'osent attaquer
de front un adversaire redouté.

» Il remarqua les trésors de grâce et de bénédiction que
la Reine du ciel tenait en réserve sous les voûtes de Massabielle. A tout prix, il voulut stériliser ces richesses et éloi-
gner de la grotte ceux qui venaient les recueillir.

» Il commença ses exploits par la petite privilégiée de la
Vierge. »

III. — *Les voix sauvages.*

« Durant la quatrième apparition, Bernadette, se trouvant
en extase, entendit derrière elle, sur le courant du Gave,
une explosion formidable de voix sauvages qui lui criaient
d'une manière stridente :

» — Sauve-toi ! sauve-toi !

» L'enfant, saisie de frayeur, leva les mains et implora le
secours de la Dame du rocher. Celle-ci fronça les sourcils
et jeta un regard terrible sur les lieux d'où partaient les
vociférations sinistres. Aussitôt ceux qui les poussaient s'en-
fuirent subitement, exhalant au loin les râlements de leur
rage. Les personnes qui assistaient à cette apparition n'entendirent pas les cris forcenés qui avaient rempli de terreur
la petite Voyante ; elles crurent que Bernadette s'était trompée
et ne prêtèrent aucune attention à son récit. Or, l'enfant ne
s'était pas trompée, et, plus tard, on reconnut bien que son

récit marquait la première invasion du diable à Massabielle.
Satan et ses suppôts n'osèrent plus se montrer à la grotte
jusqu'après le 7 avril, c'est-à-dire jusqu'à l'époque où la
Vierge Sainte l'avait quittée.

» Dès que les apparitions eurent cessé, l'esprit trompeur
recommença son entreprise ténébreuse. »

IV. — *Les dissonances.*

« Une jeune fille assure avoir entendu à l'intérieur de la
masse rocheuse un concert mystérieux de voix produisant
sur les sens comme une espèce d'enivrement narcotique. Le
lendemain, elle retourne à la grotte, avec le projet d'y réciter son chapelet, mais aussi avec l'espoir secret d'y entendre
répéter les merveilleuses harmonies de la veille. Aussitôt qu'elle
est en prière, des notes ineffables, pures et suaves comme
celles qui sortent des bouches séraphiques, se font, en effet,
entendre à ses oreilles ravies. Elle en suit, sans oser respirer,
les mélodieux et séduisants accords, quand, peu à peu, mais
crescendo, des dissonances étranges, des tons faux et criards,
vinrent jeter le trouble et la confusion dans le poème musical.
Bientôt les rythmes enchanteurs ne furent plus qu'un tohu-
bohu tumultueux, qu'une cacophonie indescriptible. Tout à
coup le silence se fit. Quelques secondes après, une rumeur
sinistre, pareille à celle d'une lutte entre animaux immondes,
éclata dans la profondeur des excavations. C'étaient des gro-
gnements étouffés, des bruits sauvages, le bruit de combat-
tants qui succombent.

» Sans attendre la fin de la mêlée, la jeune fille s'enfuit,

MONSEIGNEUR DE SÉGUR

et de plusieurs semaines elle n'osa plus revenir à la grotte. Quand elle parlait de ce fait, elle devenait pâle et tremblante de frayeur. »

V. — *La lumière fantastique.*

« Presque dans le même temps, il fut question à Lourdes d'une aventure extraordinaire survenue à un homme de Saint-Pé ou d'un hameau voisin.

« Cet homme se rendait pacifiquement au grand marché de Tarbes, et cheminait, avant le jour, sur la route de Pau à Lourdes. Arrivé en face de la grotte, selon la pieuse coutume des habitants des Pyrénées quand ils rencontrent une croix, une madone, un sanctuaire, le villageois ôta son béret et fit le signe de la croix. A l'instant, il fut enveloppé d'un globe de lumière fantastique, et, malgré ses efforts, il ne pouvait ni avancer ni reculer. Éperdu et transi, il se mit d'instinct et machinalement à refaire le signe de la croix. Aussitôt le ballon éclata avec une détonation formidable et tout rentra dans l'obscurité. A travers l'espace, il entendit des rires moqueurs et des ironies blasphématoires. »

Il nous serait facile de citer beaucoup d'autres traits qui établissent jusqu'à l'évidence à quel point l'intervention diabolique se manifestait au début de ces événements qui allaient renouveler la face de la terre. Satan prenait toutes les formes, épuisait toutes ses ruses, faisait appel à tous ses suppôts, afin d'étouffer la dévotion naissante et de combattre à outrance Celle dont le pied virginal lui écrasait la tête. Mais il avait beau exhaler sa rage et regimber contre l'aiguillon, à chacun de ses soubresauts le dard s'enfonçait plus profondément, et le triomphe de Marie éclatait davantage, s'imposant à la croyance, au respect et à l'admiration du monde.

Et il en est ainsi depuis bientôt quarante ans. Le prince des ténèbres n'a pas désarmé.

Mais, revenons à Bernadette, et voyons à quels assauts le démon livre successivement son innocence, heureusement protégée par la Vierge puissante, qui lui est apparue aux grottes de Massabielle.

CHAPITRE II

Les assauts du démon.

I. — *La persécution hypocrite.*

L'organe de la presse locale, obéissant au mot d'ordre administratif, essaya d'abord de faire accroire que notre simple et pieuse Voyante était hallucinée.

« Voilà, disait l'*Ère impériale*, où nous en sommes et où nous n'en serions pas à Lourdes, si les parents de la jeune fille avaient suivi le conseil des médecins, qui les invitaient à envoyer la malade à l'hospice. »

Puis, faisant le bon apôtre, le rédacteur se montrait inquiet des vrais intérêts de la religion, compromis par ces histoires ridicules d'apparitions.

« C'est là, disait-il, l'opinion de tous les gens raisonnables qui portent en eux les sentiments de la vraie piété, qui respectent et aiment sincèrement la religion, qui regardent la manie des superstitions comme très dangereuse, et qui ont pour principe qu'on ne doit admettre des faits au rang des miracles que *lorsque l'Église a prononcé.* »

L'Église ne tarda pas à répondre aux adjurations du journaliste, si zélé pour défendre ses intérêts.

Mais, entre-temps, Bernadette subissait d'autres assauts.

II. — *Spirituelles répliques.*

D'intelligence médiocre, l'esprit de Bernadette s'affina peu à peu, au point de lui fournir des réparties que l'historien de Notre-Dame de Lourdes a soigneusement recueillies et qui désarçonnèrent plus d'une fois les visiteurs, venus pour éprouver la véracité de la petite Voyante.

A quelqu'un qui lui objectait que le bon Dieu et la Sainte Vierge ne savaient pas le patois, dans lequel Bernadette assurait avoir conversé avec Notre-Dame de Lourdes, elle répondit :

— S'ils ne le savaient pas, Monsieur, comment le saurions-nous nous-mêmes ? Et, s'ils ne le comprenaient pas, qui nous rendrait capables de le comprendre ?

Une autre fois, quelqu'un lui ayant dit que la Sainte Vierge l'avait prise pour une bête, puisqu'elle lui avait commandé de manger de l'herbe.

Bernadette sourit et répliqua : '

— Est-ce que vous vous croyez une bête, quand vous mangez de la salade ?

Un conseiller général, ancien député, M. de Rességuier, était venu la voir, accompagné de plusieurs dames de sa famille, personnes distinguées et élégantes.

— La personne qui t'a apparu, lui demanda M. de Rességuier, était-elle aussi belle que les dames que voici ?

— Oh ! fit Bernadette, en accompagnant sa réponse d'une petite moue significative, c'était bien autre chose que tout cela.

On cherchait à l'enfermer dans un cercle sophistique.

Sachant combien elle était obéissante à l'Église et quelle confiance elle avait en M. le curé Peyramale, on lui disait un jour :

— Si M. le curé vous interdisait formellement de retourner à la grotte, que feriez-vous?

— Je n'irais plus.

— Mais, insistait-on, si l'Apparition vous commandait en même temps d'y revenir, que feriez-vous?

— J'irais demander la permission à M. le curé.

III. — *Candeur*.

« Rien, raconte M. Henri Lasserre, rien, ni à cette époque, ni plus tard, ne lui fit perdre sa simplicité, pleine de grâce. Jamais, à moins d'être interrogée, elle ne parlait de l'Apparition. Elle se considérait toujours comme la dernière à l'école des Sœurs. On avait de la peine à lui apprendre à lire et à écrire. L'esprit de cette enfant était ailleurs; et, si nous osions pénétrer tous cette nature exquise et visitée par la grâce, nous dirions peut-être que son âme, peu curieuse sans doute de ce savoir humain, faisait l'école buissonnière dans les halliers du paradis.

» Aux récréations, elle se confondait avec ses compagnes. Elle aimait à jouer.

» Quelquefois, un visiteur, un étranger, venu de loin, demandait aux Sœurs de lui montrer cette Voyante, cette privilégiée du Seigneur, cette bien-aimée de la Vierge, cette Bernadette dont le nom était déjà si célèbre.

» — La voilà! disait la Sœur, en la désignant du doigt parmi les autres enfants.

» Le visiteur regardait, et il voyait une petite fille chétive et misérablement vêtue, jouant aux barres, à cache-cache, à pigeon-vole, sautant à la corde, tout entière aux innocents plaisirs de l'enfance. Mais, ce qu'elle préférait à tout, c'était de figurer, elle la trentième ou la quarantième, dans une de ces rondes immenses que font les enfants en chantant et en se tenant par la main.

» La Mère de Dieu, en apparaissant à Bernadette, en lui donnant le rôle d'un témoin des choses célestes, en faisant d'elle le centre d'un concours innombrable et comme un objet de vénération publique, avait protégé, par un miracle plus grand que tout autre, sa simplicité et sa candeur, et elle lui avait fait le don le plus extraordinaire, le don divin de demeurer une enfant.... »

IV. — *Inutiles efforts.*

Ni le préfet Massy, ni le commissaire de police Jacomet, ni personne n'avaient pu prendre en défaut cette innocente enfant, qui déconcertait les plus rusés par la loyauté de sa candeur.

Un magnétiseur même osa essayer de l'endormir. L'enfant obéissante se prêta à cette expérience, qui devait faire éclater la nature calme de son tempérament, rebelle au premier chef à toute tentative de suggestion. Le magnétiseur lui donna un violent mal de tète par ses passes et ses efforts prolongés, ce fut tout.

Une famille riche proposa de l'adopter, en autorisant les parents à demeurer auprès d'elle, avec en plus un don de

100,000 francs, une fortune éblouissante dont ils auraient le libre emploi. La proposition fut repoussée avec une noble indignation par ces pauvres gens, qui voulaient rester pauvres, et par leur fille que ne tenta jamais l'appât des biens de ce triste monde. Elle avait entrevu l'au delà, elle y vivait déjà par l'aspiration et par le cœur.

Le gouvernement résolut de tenter un grand coup.

V. — *Le préfet de Tarbes.*

Le Conseil de révision appelait à Lourdes le préfet Massy. Tous les maires du canton s'y trouveraient réunis. Le Ministre d'alors lui donna ordre de profiter de l'occasion pour couper court à toutes ces superstitions.

« Ainsi, écrivait Louis Veuillot, M. le préfet était chargé d'imposer ce jour-là à ses administrés un service assez grand, assez lourd, inauguré d'une façon assez répugnante : il aurait dû comprendre, s'il l'avait voulu, que quelques libertés consolantes sont nécessaires en compensation des sacrifices qu'exige la société. Or, la liberté de prier en certains lieux, d'y brûler un cierge, d'y puiser une goutte d'eau, d'y déposer une offrande, ne peut pas paraître bien onéreuse à l'État, ni funeste à l'ordre public, ni offensante pour la pudeur et la liberté de personne ; cependant elle console profondément ceux qui en usent. Laissez donc la foi vivre ! Dans vos emplois, dans vos puissances, dans vos fortunes, songez que la plupart des hommes que vous gouvernez ont besoin de demander à Dieu le pain de chaque jour, et ne le reçoivent que par une sorte de miracle. La foi, c'est déjà du pain : elle aide à manger le pain noir; elle aide à attendre encore patiemment, passé l'heure où il devait venir. Et quand Dieu semble vouloir ouvrir un de ces lieux de grâce où la foi coule plus abondante et donne de plus prompts secours, ne les fermez pas. Vous-mêmes, vous en aurez besoin. C'est là que vous pourrez faire des économies sur le budget des hôpitaux et des prisons. »

Le baron Massy se refusa à raisonner comme le publiciste catholique. Ce n'est pas qu'il ne se prétendît bon catholique, lui aussi, dans l'odieux attentat qu'il méditait, car il commença par invoquer l'intérêt bien entendu de la religion, dans le discours qu'il adressa aux maires réunis autour de lui, à Lourdes, dans cette mémorable circonstance.

Nous laissons la parole à l'organe officiel de la préfecture d'alors, *l'Ère impériale* de Tarbes :

VI. — *Le discours du préfet.*

« M. le préfet a montré aux maires ce que les scènes qui s'étaient produites avaient de regrettable, et quelle défaveur elles tendaient à jeter sur la religion. Il s'est appliqué surtout à leur faire comprendre que le fait de la création d'un oratoire à la grotte, fait suffisamment constitué par le dépôt d'emblêmes religieux et de cierges, était une atteinte portée à l'autorité ecclésiastique et civile, une illégalité qu'il était du devoir de l'administration de faire cesser, puisque, aux termes de la loi, aucune chapelle publique ou oratoire ne peut être fondé, sans l'autorisation du gouvernement, sur l'avis de l'évêque diocésain.

» Mes sentiments, avait ajouté le préfet, ne doivent être suspects à personne. Tout le monde, dans ce département, connaît mon respect profond pour la religion. J'en ai donné, je crois, assez de preuves, pour. qu'il soit impossible de mal interpréter mes intentions.

» Vous ne serez donc pas surpris d'apprendre, Messieurs, que j'ai donné ordre au commissaire de police d'enlever et de transporter à la mairie, où ils seront mis à la disposition de ceux qui les ont déposés, les objets placés dans la grotte.

» J'ai prescrit, en outre, *d'arrêter* et de conduire à Tarbes, pour y être traitées comme malades, aux frais du département, les personnes qui se diraient visionnaires, et je ferai poursuivre, comme propagateurs de fausses nouvelles, tous ceux qui auraient contribué à mettre en circulation les bruits absurdes que l'on fait courir. »

VII. — *Le curé Peyramale.*

Ainsi, Bernadette allait être *arrêtée* et enfermée comme *malade.*

Le maire de Lourdes, M. Lacadé, éprouvait une vive angoisse. D'une part, il voulait obéir aux injonctions de son préfet et, d'un autre côté, il sentait instinctivement qu'il valait mieux obéir à Dieu qu'aux hommes.

Pour sortir d'embarras, il pria le procureur impérial, M. Dutour, de venir à la rescousse, et tous deux se rendirent chez le curé.

L'entretien des trois personnages a été recueilli par M. Lasserre. Il faut le relire, pour se rendre compte de la lutte alors engagée et des arguments que le Ciel tenait en réserve, pour protéger son œuvre et son innocent intermédiaire, la petite Bernadette.

— Cette enfant est innocente, répondit vivement le curé Peyramale aux premières ouvertures de ses visiteurs ; et la preuve, monsieur le Procureur impérial, c'est que, comme magistrat, vous n'avez pu, malgré vos interrogatoires de toutes sortes, trouver un prétexte à la moindre poursuite. Vous savez qu'il n'y a pas un tribunal en France qui ne reconnût cette innocence, éclatante comme le soleil ; qu'il n'y a pas un procureur général qui, en de telles circonstances, ne déclarât monstrueuse et ne fît cesser, non seulement une arrestation, mais une simple action judiciaire.

Le Procureur impérial répondit que le préfet, et non le parquet, agissait en cette occasion, par mesure administrative et non par voie judiciaire, en ordonnant que Bernadette fût enfermée comme folle, dans son intérêt et dans l'intérêt de l'Église et du clergé.

M. Peyramale, s'animant encore davantage à ce misérable subterfuge, répliqua vivement :

— Une telle mesure serait la plus odieuse des persécutions, d'autant plus odieuse qu'elle prend un masque hypocrite, qu'elle affecte de vouloir protéger, qu'elle se cache sous le manteau de la légalité, et qu'elle a pour objet de frapper un pauvre être sans défense. Si l'évêque, si le clergé, si moi-même nous attendons qu'une lumière de plus en plus grande se fasse sur ces événements pour nous prononcer sur leur caractère surnaturel, nous en savons assez pour juger de la sincérité de Bernadette et de l'intégrité de ses facultés intellectuelles. Et, dès qu'ils ne constatent aucune lésion cérébrale, en quoi vos deux médecins seraient-ils plus compétents pour juger de la folie ou du bon sens que l'un quelconque des mille visiteurs qui ont interrogé cette enfant, et ont admiré la pleine lucidité et le caractère normal de son intelligence? Vos médecins eux-mêmes n'osent affirmer et ne concluent que par une hypothèse. M. le Préfet ne peut, à aucun titre, faire arrêter Bernadette.

M. Dutour ayant prétendu que ce serait légal,

— C'est illégitime, répliqua le curé. Prêtre, curé-doyen de la ville de Lourdes, je me dois à tous, et en particulier aux plus faibles. Si je voyais un homme armé attaquer un enfant, je défendrais l'enfant au péril de ma vie, car je connais le devoir de protection qui incombe au bon pasteur. Et je ne saurais agir autrement, alors même que cet homme serait un préfet, et que son œuvre serait le mauvais article d'une mauvaise loi. Allez donc dire à M. Massy que ses gendarmes me trouveront sur le seuil de la porte de cette pauvre famille, et qu'ils auront à me renverser, à me passer sur le corps, à me fouler aux pieds, avant de toucher à un cheveu de cette petite fille.

Le procureur impérial fit mine d'interrompre.

— Il n'y a pas de cependant, continua le vaillant curé. Examinez, faites des enquêtes : vous êtes libres, et tout le monde vous y convie. Mais si, au lieu de cela, vous voulez persécuter, si vous voulez frapper les innocents, sachez bien qu'avant d'atteindre le dernier et le plus petit de mon troupeau, c'est par moi qu'il faudra commencer.

La haute taille, l'air inspiré du prêtre, qui défendait le droit et la vérité contre de misérables subterfuges, impressionnèrent vivement les visiteurs.

Le maire surtout, retrouvant au fond de son âme une
énergie dont l'administration préfectorale ne le croyait pas
capable, déclara au préfet que l'arrestation de Bernadette était
impossible et refusa de s'y prêter.

C'est bien ce que la petite Voyante avait prévu, quand elle
disait à son père, un peu effrayé de toutes ces menaces du
pouvoir d'alors :

— Soyez tranquille, ils le disent, mais ils ne le feront pas !

Le maire, aux instances du préfet, offrit sa démission, plutôt
que de donner son concours à une arrestation aussi arbitraire.

Bernadette demeura libre.

CHAPITRE III

La visite du Seigneur.

I. — *Première communion.*

Pendant que les hommes s'agitaient pour entraver l'action divine et délibéraient sur le sort de la pieuse enfant, Bernadette continuait tranquillement de suivre le catéchisme de la paroisse.

Elle fut admise à faire sa première communion le 3 juin, jour de la Fête-Dieu.

Ce que fut cette première visite de Jésus dans l'âme de la petite bien-aimée de sa divine Mère, nul ne l'a dit. Seulement, à l'une des communions qui suivirent, le bon Maître voulut manifester d'une manière sensible aux yeux de son serviteur l'abbé Peyramale, ses prédilections pour l'heureuse enfant.

— Vous savez, racontait le digne curé à un grand vicaire de Nevers qui l'a imprimé dans la *Semaine religieuse* de ce diocèse, vous savez qu'il nous est recommandé, quand nous distribuons la sainte Communion, de ne point porter notre attention sur les fidèles qui la reçoivent.... Mais, voilà que tout à coup, en distribuant la Communion, au-dessus d'une personne agenouillée à la sainte Table, j'aperçois une auréole éclatante. En même temps, partant du saint ciboire, un céleste rayon alla se joindre à cette auréole. Je ne tins, je l'avoue, aucun compte de la prescription ordinaire, et, désirant savoir quelle était la chrétienne dont le front était entouré de ce nimbe, j'arrêtai sur elle mon regard : et je la reconnus, non sans une profonde émotion. C'était Bernadette !

II. — *Point enorgueillie.*

C'est la grande merveille morale de cette histoire.

Jamais, Bernadette ne laissa soupçonner que les faveurs si extraordinaires, dont elle avait été l'objet, eussent effleuré sa modestie et son humilité.

Une personne riche, désireuse d'avoir un souvenir de la Voyante, lui avait demandé d'échanger son chapelet de pierres fines contre le pauvre chapelet de l'enfant.

— Gardez votre chapelet, Madame. Je ne veux pas changer le mien. Il est pauvre comme moi. Le vôtre est trop beau.

Un prêtre veut lui faire accepter une pièce d'argent. Sur son refus, il insiste, en lui disant qu'il la lui donne pour lui procurer la douce satisfaction de faire une aumône aux pauvres.

— Faites-la de vos mains à mon intention, finit par répondre l'humble enfant. Cela vaudra mieux que si je la faisais moi-même.

Ce n'est pas que son exquise modestie fût accompagnée de quelque timidité ou d'embarras.

Quand les ecclésiastiques considérables, nommés par l'Évêque, l'eurent appelée à comparaître devant leur commission d'enquête, « Bernadette, dit le secrétaire dans son procès-verbal, se présenta à nous avec une grande modestie, et cependant avec une assurance remarquable. Elle se montra calme, sans embarras, au milieu de cette nombreuse assemblée, en présence d'ecclésiastiques respectables qu'elle n'avait jamais vus, mais dont on lui avait dit la mission. »

III. — A l'hospice.

Bernadette continua d'habiter Lourdes jusqu'au 21 mai 1866.

Elle ne s'appartenait pas. Les étrangers lui disputaient ses heures de liberté. Personne peut-être au monde, en ce temps-là, n'était visité comme cette chétive et indigente enfant.

Après deux ans passés dans sa famille, elle fut comme adoptée par les Sœurs de Nevers, qui ont à Lourdes le soin des malades et une grande école. L'hospice devint son unique demeure.

Les apparitions n'avaient pas changé sa nature. La Sainte Vierge, qui en guérissait tant d'autres, avait même voulu lui laisser ses infirmités.

Pour le caractère, Bernadette restait bonne, simple, douce, naïve. Une Sœur de Nevers disait d'elle :

— C'est toujours une bien charmante enfant, pieuse comme un ange, douce comme un agneau, simple comme une colombe. Que le bon Dieu daigne nous la conserver ! Elle fait tant de bien à voir.

Tout le monde d'ailleurs pouvait la voir, et tout le monde voulait la connaître, l'entendre et la juger. Ses parents ne la dérobaient point à la curiosité générale, quelle qu'en fût l'importunité, et l'accès de leur modeste habitation était sans cesse ouvert aux étrangers. Elle fut moins cachée encore à l'hospice, et elle ne devait pas l'être. L'œuvre de Notre-Dame de Lourdes avait un caractère essentiel de publicité. Commencée en pleine lumière, au milieu des foules, elle devait s'affermir sous les regards du monde et triompher par la lumière.

IV. — Les visiteurs.

Paysans, prêtres, hommes du monde, pauvres, grandes dames, militaires, allaient demander à voir Bernadette ; une religieuse l'appelait pour tous indistinctement.

La jeune fille se présentait, vêtue comme les paysannes des Pyrénées, coiffée d'un mouchoir, modeste, sans timidité, sans embarras, mais pas le moins du monde composée, toute simple, toute candide. Dans le premier silence de l'entrevue, elle regardait sans curiosité ni étonnement, et les regards des visiteurs ne semblaient point la gêner. Elle ne paraissait pas se douter qu'on pût venir pour la connaître ni qu'elle fût un spectacle. Sa physionomie agréable, ses yeux grands et doux, une teinte de mélancolie souvent jetée sur ses traits par l'oppression de la poitrine, prévenaient tout de suite en sa faveur, et on n'échappait pas généralement à un premier sentiment de surprise et de bienveillance, et même de respect.

— Si connue, si recherchée, pensait-on, et elle se tient si petite, si modeste !

BERNADETTE SOUBIROÛS

Mais ce qui a le plus touché les âmes et qui ne s'explique pas sans une préservation attentive de Dieu, c'est que cette enfant a gardé sa simplicité originelle et n'a jamais perdu sa modestie des premiers jours.

Elle s'est vue recherchée par le plus grand monde, l'admiration lui a été prodiguée, mille fois ses oreilles entendirent des paroles étourdissantes pour une âme ordinaire, on la vénérait à l'égal d'une sainte ; il lui a été demandé de poser sa main sur des objets pieux pour les consacrer par ce contact et en faire des reliques, elle a dû répondre :

— Je ne sais pas bénir.

La pauvre enfant n'a pas laissé voir un sentiment de complaisance ; elle avait l'air de ne point comprendre, oubliait tout, et, si une glorification trop ouverte la forçait de parler, elle attribuait ce qui s'était passé à la bonté unique de la Très Sainte Vierge.

Cette simplicité si difficile et si parfaite, cette modestie invincible, cet entier oubli d'elle-même, cette candeur si exposée et persévérante était pour les esprits sérieux un prodige aussi manifeste que toutes les guérisons racontées ; et à beaucoup, il a suffi d'un quart d'heure passé avec elle pour tout croire.

Souvent l'impression allait plus profondément qu'à l'esprit et atteignait le cœur. Cette pauvre enfant a eu le don de charmer et d'attendrir. Des hommes du monde, éloignés de Dieu, venus à elle par complaisance pour leur compagnie et sans la moindre foi au surnaturel de la grotte, ont subi cet ascendant jusqu'à la croyance soudaine et entière, et jusqu'aux larmes.

V. — *Apostolat de Bernadette.*

Cette enfant a exercé un apostolat immense. Il est impossible d'apprécier combien d'âmes ont reçu son influence, et par elle ont plus aimé la Vierge Immaculée. Ce n'est pas sans fatigue qu'elle a fait le bien. Les visiteurs se pressaient surtout depuis qu'il fut plus facile de la trouver à l'hospice. Aux jours de fête, les Sœurs devaient prendre à la dérobée le temps de la faire manger. On attendait devant le portail de l'établissement avant le lever de la communauté ; et jusqu'au soir, elle appartenait aux étrangers. Paraître, paraître encore, dire les apparitions, répondre à des millions de questions, promettre sa prière, subir la contradiction, l'importunité, la louange, l'humiliation, c'était sa vie. Il lui en coûtait de se montrer toujours, à tous, à toute heure, elle souffrait de sa liberté perdue ; pauvre enfant maladive, sa poitrine s'épuisait. Mais elle était l'apôtre de la Vierge Immaculée.

Il y avait comme une passion de la voir. Il fallait de la fermeté pour résister aux sollicitations quand elle était malade ; et encore a-t-on dû laisser arriver jusqu'à elle des pèlerins qui avaient fait de longs voyages uniquement pour la connaître.

On le sait, Bernadette était pauvre. C'était une tentation pour elle et un péril pour la belle mission que lui donnait la Sainte Vierge. La pauvreté n'a servi qu'à glorifier l'enfant et sa mission. L'aumône l'a sollicitée sous toutes les formes pour se faire accepter. Bernadette s'est maintenue dans un désintéressement que rien n'a pu faire fléchir, pas même l'extrême besoin. Jamais, sous aucun prétexte, elle n'a voulu accepter un don. Ses refus étaient si accentués, qu'on a soupçonné qu'une des trois choses recommandées à son secret par la *Dame* de la grotte était la défense de recevoir de l'argent.

Bernadette rêvait d'autres richesses que celles de la terre (1).

VI. — *Coup d'œil en arrière.*

Nous l'empruntons à un homme de bien, M. Barbet, qui résume ainsi ses souvenirs dans son excellent *Guide de Lourdes,* auquel nous avons fait déjà d'autres utiles emprunts.

« Bernadette Soubirous, ou, plus exactement, Bernarde-Marie Soubirous, la célèbre voyante, est la première des sept enfants nés du mariage de François Soubirous avec Louise-Marie Castérot. Ce mariage fut célébré en 1842, le 19 novembre, et Bernadette naquit le 7 janvier 1844.

» Les parents de Bernadette, père et oncles, étaient meuniers; ils possédaient un moulin sur le Lapaca : Bernadette y est née.

» Une femme de Bartrès, près de Lourdes, ayant perdu

(1) Sa mère mourut à Lourdes avec de grands sentiments de piété, le 8 décembre 1866, à l'heure où l'on chantait pour la première fois dans la chapelle de la crypte les vêpres de l'Immaculée-Conception. Son père expira, le 4 mars 1871, avec la foi des Patriarches. C'était le treizième anniversaire du dernier jour de la quinzaine des apparitions.

François Soubirous fut digne d'être le père de Bernadette. C'était un homme simple et droit, bon et plein de foi. Dieu donna à sa simplicité, naturellement timide, le courage et la sagesse pour résister aux persécutions et aux séductions des ennemis publics et cachés de l'œuvre de la grotte. Nul plus que lui n'a vénéré Bernadette. Se trouvant un jour au parloir des missionnaires, il s'agenouilla devant le tableau représentant sa fille et se mit à prier avec ferveur. Le missionnaire, qui vint interrompre sa prière, en fut vivement ému. Sa fin a été celle des justes. Il a reçu les derniers sacrements avec des sentiments admirables de piété et de résignation. La pauvreté, compagne de sa vie, l'a suivi jusqu'à sa dernière demeure.

un enfant de quelques mois, demanda la petite Bernadette
Soubirous et l'allaita pendant quelque temps. Par un sentiment bien naturel, Bernadette s'attacha à sa mère nourrice,
et, souvent, quand elle eut grandi, elle vint la visiter à
Bartrès. Dans l'année qui précéda les visions, elle fut retenue
plusieurs mois dans cette famille aimée, où elle était occupée
à garder un petit troupeau de brebis et d'agneaux. La petite
bergère était simple, douce et d'une grande amabilité ; un sourire sympathique régnait habituellement sur ses lèvres. Elle
ne témoignait pas d'une grande intelligence, mais, quand on
l'interrogeait, elle répondait toujours avec beaucoup de bon
sens. Dès ses premières années, un asthme tenace oppressa
sa petite poitrine ; elle fut toujours d'une santé délicate, et
d'une taille plutôt petite que grande. Bernadette n'aimait pas
les divertissements bruyants, mais elle ne se dérobait pas aux
petits jeux innocents des petites filles de son âge.

» Au dernier séjour qu'elle fit à Bartrès où nous étions
instituteurs, elle assistait à l'église, aux leçons du Catéchisme.

» Un jour, le vicaire de la paroisse, M. l'abbé Ader, prêtre
très pieux, étant indisposé, nous chargea de le remplacer
pour la leçon du catéchisme ; à la fin de l'exercice, il nous
demanda notre appréciation sur Bernadette. Nous lui répon-
dîmes :

» — Bernadette a de la peine à retenir le mot à mot du
catéchisme, mais elle rachète son défaut de mémoire par le
soin qu'elle met à s'approprier le sens intime des explications.
Cette enfant est très pieuse et très modeste.

» — Oui, dit l'abbé, vous la jugez comme moi. Elle me
paraît comme une fleur des champs et tout embaumée d'un

parfum divin. Tenez, ajouta-t-il, je vous avoue que, bien des fois, en la voyant, j'ai pensé aux enfants de la Salette. *Assurément, si la Sainte Vierge est apparue à ces enfants, ils devaient être simples, bons et pieux comme Bernadette.*

» A quelques semaines de là, nous nous promenions encore avec M. l'abbé Ader sur un chemin en dehors du village ; Bernadette vint à passer, conduisant un petit troupeau. M. l'abbé Ader se retourna plusieurs fois pour la regarder ; puis, revenant à la conversation, il nous dit :

» — J'ignore ce qui se passe en moi, mais, toutes les fois que je rencontre cette enfant, il me semble apercevoir les bergers de la Salette.

» Peu de temps après, Bernadette revenait à Lourdes et se trouvait en communication avec la Reine du ciel.

» Dans la suite, Bernadette fut mise en pension chez les Dames de Nevers, à l'hospice de Lourdes. Elle y fit sa première communion le 3 juin 1858, et acquit une certaine instruction, comme en témoignent les lettres qu'elle écrivait plus tard du couvent. »

CHAPITRE IV

Une visite à Bernadette.

Avant d'accompagner la pieuse Voyante dans son Nazareth, il nous a paru bon de raconter, ou plutôt d'emprunter à un grand serviteur de Marie en ce siècle, la visite qu'il fit à Bernadette Soubirous peu après les apparitions.

La visite du P. Hermann racontée par lui-même.

Ce n'étaient pas les sublimes aspects des montagnes qui m'appelaient vers Lourdes, mais de voir et de questionner la petite paysanne dont le nom était sur toutes les lèvres. J'avoue toutefois que l'esprit de prudence s'était emparé de moi, à mesure que j'avançais vers le théâtre du prodige. J'arrivai donc là avec un esprit en arrêt et cette raison contentieuse du rationaliste sérieux qui veut se rendre à l'évidence, mais nullement aux pieux instincts acquis à ce genre de miracles.

Ce fut dans cette disposition d'esprit que je me présentai

dans la famille de la Voyante. Je fus fort bien accueilli, car j'étais accompagné de M. le curé Peyramale.

Je considérai tout d'abord cette petite paysanne âgée de douze ans. Elle était pauvrement vêtue, capuchonnée de ce petit manteau blanc du Béarn qui couvre la tête et descend jusqu'aux hanches, chaussée de lourds sabots, d'une santé chétive; un asthme fatiguait sa délicate poitrine.

D'abord, Bernadette me parut plus jeune qu'elle n'était en réalité. Sa manière d'être était celle d'une enfant villageoise qui a toujours habité la montagne ou les champs : simplicité, timidité, pudeur, et un rayon de bon sens néanmoins, qui court le long de ses joues ovales et sur ses belles et délicieuses lèvres pleines de bonté. Ses yeux limpides, abaissés, paraissaient couverts des secrets divins dans leurs larges orbites.

Sa tenue était celle du respect, son langage était inculte. Sa famille vivait de travail et d'épargne, dans une pauvreté qui souvent devient misère; son père était meunier et bon chrétien. Inutilement on a voulu lui offrir des dons; elle les a toujours refusés, même pour soulager ses nécessités et celles des siens. Elle n'a qu'une idée qu'on peut appeler fixe, mais dans le sens excellent de ce mot. Dire ce qu'elle sait d'outre-monde et le dire à la gloire de Marie, sans emphase, mais avec cette assurance qui ne doute pas d'elle et qui n'a souci qu'on en doute. Son jugement était droit, son goût naturel, parfait; mais elle tenait tout cela de la nature, car elle savait à peine lire et nullement écrire. Elle fréquentait depuis peu l'école des Sœurs, perdue dans la foule des ignorantes où elle ne se faisait remarquer que par une conduite édifiante, inaperçue d'elle, mais notoire pour tous.

Ceci posé, voici qu'elle fut notre conversation :

— Parlez-moi, mon enfant, avec toute la sincérité possible. Est-il vrai que vous ayez vu une personne étrange dans l'anfractuosité du rocher ?

— Oui, mon Père, je l'y ai vue.

— Comment était-elle vêtue ?

— Elle avait une robe blanche, un voile blanc et une rose sur chaque pied.

— Qu'avez-vous éprouvé à son aspect ?

— Oh ! beaucoup de plaisir, et même tant de plaisir que je ne puis l'exprimer.

— Et puis ?

— Un grand désir de la revoir.

— L'avez-vous revue depuis la première fois ?

— Oui, pendant quinze jours de suite.

— Que vous a dit cette personne ?

— La vision, — c'est le nom que sa langue à moitié patois elle donne au personnage apparu, — la vision me dit de boire là, en me montrant la partie creuse du rocher. Je courus au Gave pour boire, mais la vision me rappela.

— Je n'ai pas dit qu'il faille boire au Gave, mais bien là..., et elle m'indiquait la partie enfoncée du rocher, où il n'y avait pas d'eau, mais seulement de la poussière et de la pierre....

— Eh bien, que fîtes-vous ?

— J'obéis... je revins où la vision m'appelait, et j'égratignai le sol aride ; j'en retirai une pleine main de terre humide ; je n'osai boire cela. J'égratignai de nouveau, même résultat. Je n'osai encore boire cela. Enfin, je gratte encore et cette fois il y avait plus d'humidité dans ma main, bien qu'il y eût encore de la poussière.... A ce moment, j'obéis et je bus le tout... et l'eau s'est déclarée là depuis cet instant, et elle ne cesse d'en sortir avec une grande abondance.

— Dites-moi si cette dame vous a parlé.

— Oui, elle m'a parlé comme vous et moi nous parlons en ce moment.

— Lui avez-vous répondu ?

— Oui, comme je vous réponds maintenant.

— Que vous a-t-elle dit ?

— De prier pour les pécheurs, de venir pendant quinze jours au même endroit, et puis autres choses.

— Dites ces autres choses que la vision vous a communiquées.

— Je ne puis, car c'est secret, cela.

— Combien de secrets vous a confiés la vision ?

— Trois.

— Mais, croyez-moi, répétez-les-moi. Je les porterai à un grand archevêque, ami du Pape et cardinal de la sainte Église. Je vais le voir demain à Bordeaux, il fera du bien à la montagne et au miracle.

— Puisque c'est secret, je ne puis donc en parler à qui que ce soit.

— Si, à la condition expresse que seul j'en aurai la confidence.

— Ce ne serait plus un secret alors.

— Oh ! je vous promets de le garder comme un confesseur.

— Mon confesseur lui-même ne peut le savoir.

— Le confesseur non plus ?

— Non, à moins que la vision ne me commande de le lui dire.

— Mais, au moins, vous pouvez m'avouer si ces secrets concernent la France, l'Église ou le Pape.

— Non, ils ne regardent que moi, et ne sont ni sur la France, etc.

— Qu'avez-vous fait après la première vision?

— J'ai dit ce que j'avais vu, et que je devais, pendant quinze jours, revenir à la montagne pour y parler avec la vision.

— On vous y a accompagnée, n'est-ce pas?

— Oui, beaucoup de personnes sont venues avec moi durant ces quinze jours.

— Et alors, quand vous y étiez?

— Et alors, je voyais la même vision et-elle me parlait comme la première fois.

En effet, les gens de Lourdes de toute condition sont accourus sur les lieux, et ont certifié avoir contemplé avec stupeur le visage rayonnant de la Voyante; ses lèvres agitées par la parole dialoguée qu'elle articulait, ses yeux ardents et radieux fixés, tendus, collés vers l'horizon intérieur du rocher où la vision, invisible à tous, sauf à elle, apparaissait, parlant, interrogeant, répondant.....

Un flot de joie ruisselait visiblement alors sur la figure illuminée de Bernadette, au bonheur de laquelle l'attention, l'admiration, le silence du public applaudissaient à leur manière.

Mais je poursuis mon interrogatoire.

— Mon enfant, pourriez-vous me dire environ l'âge de la vision?

— Elle m'a fait l'effet de n'avoir que vingt ans.

— Était-elle belle?

— Oh ! oh ! oui certes, et bien encore, fit l'enfant en détournant la tête, et en souriant en signe d'affirmation accentuée.

— La vision vous parlait-elle toujours ?

— Non. Elle priait par pause, et aussi par pause me parlait.

— Quelle prière récitait-elle ?

— Elle passait le chapelet.

— Comment le passait-elle ?

— Elle tournait grain par grain, mais je ne lui voyais pas remuer les lèvres.

— Levez-vous, je vous prie, et prenez toutes les attitudes qu'affectait la vision, surtout quand elle passait le chapelet. Faites aussi les pauses que faisait la vision dans les autres cas.

Aussitôt, Bernadette se lève et se place debout, les mains jointes, les doigts entrelacés, les deux pouces l'un sur l'autre. Elle figure le chapelet roulé grain par grain à l'aide du pouce et de l'index de la main droite, tandis que ses lèvres se taisent comme celles de la vision.

— Maintenant, quelles attitudes prenait la vision quand elle ne passait pas le chapelet ?

Bernadette prend aussitôt une pose nouvelle. Elle étend ses bras qu'elle laisse pendre le long de son corps, et retourne ses mains dont elle offre l'intérieur en avant, imitant parfaitement la tenue de la Vierge dans la médaille miraculeuse. A ce moment, je lui dis :

— Dites-moi si la vision se tenait comme dans la médaille miraculeuse que voici et que vous semblez imiter.

Bernadette regarde ma médaille et répond :

— Justement ainsi, mais elle n'avait pas cela aux mains,

elle montrait les rayons qui s'échappaient des mains de la médaille, et que la vision n'avait pas en effet, et n'eut jamais dans ses apparitions à Bernadette.

— Savez-vous pourquoi la vision a choisi les roches Massabielle pour se montrer à vous ?

— Ah ! c'est qu'elle veut là une chapelle en son honneur.

— Comment le savez-vous ?

— Elle me l'a dit et répété.

— Comment s'est-elle exprimée à ce sujet ?

— Elle m'a dit : « Tu diras aux prêtres que je veux qu'on bâtisse ici une chapelle. »

— Que vous ont observé les prêtres ?

— Mon prêtre me dit alors : « Nous ne pouvons bâtir cette chapelle sans que nous sachions qui est le personnage qui te parle. Demande-lui qui elle est. » Alors j'allai à la montagne et je demandai à la vision qui elle était, et elle me le dit.

— Que vous dit-elle ?

— Je suis l'*Immaculée Concetcion* (ainsi prononçait Bernadette).

— Vous trompez le public, mon enfant, car vous êtes encore ignorante et il est impossible que vous ayez retenu ces mots *Immaculée Concetcion*, attendu que vous ne les compreniez pas. Est-ce vrai que vous ne les compreniez pas alors ?

— Oui, c'est très vrai... mais en route je les répétai toujours, et jusque chez M. le curé, où je me rendis directement ; je répétai à chaque pas *Immaculée Concetcion*, parce que je voulais lui redire la réponse de la vision pour que la chapelle se bâtit.

— Mon enfant, je comprends, et vous avez raison. Maintenant relevez-vous, puis tenez-vous et parlez comme la Vierge s'est tenue et comme elle a parlé elle-même dans cette occasion.

Bernadette se lève de nouveau, et remettant ses mains comme ci-dessus — quand la Vierge ne passait pas le chapelet mais qu'elle ressemblait à la médaille miraculeuse sauf les rayons, — elle dit comme il suit :

— Je demandais à la vision : Qui êtes-vous ?

La vision sourit. Je lui redemandai : qui êtes-vous ? La vision sourit encore de la même manière. Mais à la troisième fois que je lui demandai, elle leva les bras et les mains abattus (à peu près comme le prêtre célébrant les lève pour le *Dominus vobiscum*), joignant fortement ses deux mains, leva les yeux au ciel et, les y tenant fixés, prononça avec force ces mots : Je suis l'*Immaculée Concetcion*, et elle disparut.

— Mon enfant, je vous ai fatiguée beaucoup... acceptez ces trois louis pour votre récompense.

— Non, non, mon Père, je ne veux absolument rien recevoir.

————————

LIVRE TROISIÈME

SŒUR MARIE-BERNARD

CHAPITRE PREMIER

La vocation.

I. — *Un témoin autorisé.*

Dans une notice peu connue, mais où il y a beaucoup de renseignements authentiques, Mgr Forcade, mort, il y a quelques années, archevêque d'Aix, après avoir été longtemps évêque de Nevers, a raconté, avec beaucoup de charme, l'histoire de la vocation de Bernadette à la vie religieuse (1), dans l'Institut des Sœurs de Nevers.

Nous lui empruntons cette page, de piquant intérêt.

(1) On lit, en tête de l'avant-propos de la brochure de Mgr Forcade :

« L'auteur de cette notice a été, pendant sept ans, l'Évêque de sœur Marie-Bernard, et il y avait déjà près de trois années qu'il était entré en rapport avec elle, quand elle devint à Nevers sa diocésaine. Il l'a donc eue longtemps sous la main, et il atteste avoir vu ou entendu, ou recueilli immédiatement de la bouche des témoins, tout ce qu'il avance à son sujet. *Quod audivimus, quod vidimus oculis nostris, quod perspeximus..... testamur*

II. — *Le récit de Mgr Forcade.*

Dans la matinée du 25 septembre 1863, j'arrivais à Lourdes pour la première fois. Ce qui m'y avait surtout attiré, c'était le désir de faire connaissance avec Bernadette, que je savais réfugiée à l'Hôtel-Dieu de cette ville, chez mes excellentes Sœurs de Nevers.

Aussi, mon premier mot à la Supérieure fut-il celui-ci :

— Vous allez me montrer Bernadette.

La Supérieure me répondit avez beaucoup de sens :

— Aussitôt que vous le voudrez. Cependant, pour ne pas exposer cette petite à quelque tentation de vaine gloire, peut-être ferez-vous bien d'attendre que vous la rencontriez dans la maison, quand vous en ferez la visite. Nous l'employons à la cuisine, c'est là que vous la trouverez.

Je ne pus que déférer à un avis aussi sage. Mais, en jetant un œil assez distrait sur les diverses salles de l'établissement, où je fus d'abord conduit, j'attendais avec impatience qu'on me fît entrer à la cuisine. On l'avait réservée pour la fin, et elle me semblait toujours fuir devant moi.

Nous y arrivons pourtant, et, au moment même où l'on m'en ouvre la porte, mes yeux se fixent d'une manière irré-sistible sur une jeune fille coiffée d'une marmotte, pauvre-ment vêtue et de chétive apparence, qui était assise sur un petit billot au coin de la cheminée, et grattait tout simple-ment une carotte.

La Supérieure me dit à l'oreille :

— C'est ça !

Sans s'émouvoir ni se déranger, Bernadette continue son opération, tandis que j'ai l'air de faire l'inspection du local et que j'échange quelques mots avec la Sœur de l'emploi.

Celle-ci, voyant que je fais mine de me retirer, se jette à mes pieds et me demande ma bénédiction. J'invite Bernadette à en faire autant. Elle se lève, sans mot dire, s'agenouille à son tour, baise mon anneau et retourne à sa carotte.

Je sors.

Cette première conversation avec la Voyante, m'avait, je l'avoue, semblée courte. Je m'efforçai donc de faire comprendre à la Supérieure que je n'étais pas venu de si loin pour si peu. Elle me donna l'assurance qu'elle me fournirait une prochaine occasion de m'y reprendre.

En effet, Bernadette fut adjointe à mon domestique pour le service de table pendant le déjeuner. Mais ce n'était pas encore là que je pouvais avoir avec elle un entretien tant soit peu sérieux. Je n'eus rien de plus pressé, après le repas, que de prier formellement la Supérieure de me l'amener au parloir et de me laisser seul avec elle.

III. — *Le fait des apparitions.*

Je commence, dans ce tête-à-tête, par l'interroger assez longuement sur le fait des apparitions, et j'essaie même de l'embarrasser à ce sujet, mais je n'y réussis aucunement. J'avais remarqué, pendant qu'elle me servait à table, que le patois des Pyrénées était son langage habituel, et il m'avait semblé qu'elle comprenait fort peu le français. Elle m'étonne maintenant par sa facilité à me comprendre et à me répondre.

VUE GÉNÉRALE DE LOURDES

S'exprimant en un français correct, clair et précis, sans chercher un instant ses mots, elle est imperturbable, et rien ne l'embarrasse. On dirait que ses réponses, toujours satisfaisantes, jaillissent toutes seules de ses lèvres, en quelque sorte à son insu, comme par inspiration. — C'est d'ailleurs un phénomène que j'ai de nouveau constaté par la suite, chaque fois que je l'ai entendue fournir les explications qui lui étaient demandées sur les apparitions de Lourdes.

Ce sujet épuisé à ma pleine satisfaction, je lui dis :

IV. — *Le choix d'un état de vie.*

— Et maintenant, ma chère enfant, qu'allez-vous devenir ?

Après un moment d'hésitation :

— Mais rien !

— Comment rien ? Il faut pourtant bien faire quelque chose dans ce bas monde.

— Eh bien, je suis chez les chères Sœurs.

— Sans doute, mais vous n'y êtes et vous ne pouvez y être que passagèrement.

— J'y resterai bien toujours.

— C'est facile à dire, mais difficile à réaliser. De ce qu'on vous a reçue provisoirement, par charité, il ne faut pas conclure qu'on vous gardera à tout jamais.

— Pourquoi pas ?

— Parce que vous n'êtes pas Sœur, et qu'il est indispensable de l'être pour être admise à titre définitif dans une communauté de Sœurs. Il est permis, il est vrai, aux Sœurs de Nevers de prendre des servantes quand elles ne peuvent suffire, elles seules, au travail matériel, et il arrive parfois qu'elles gardent leurs servantes indéfiniment; mais ici vous n'êtes pas même une domestique. Vous êtes précisément dès aujourd'hui ce que tout à l'heure vous prétendiez devenir, vous n'êtes *rien*, et sur ce pied-là on ne fait jamais long feu nulle part.

Bernadette paraît pensive et ne sait plus que répliquer.

Je reprends, après un moment de silence :

— Voilà que vous n'êtes plus une enfant; vous seriez peut-être bien aise de trouver dans le monde un petit établissement sortable.

Vivement :

— Ah! pour ça non, par exemple !

— Mais alors, pourquoi ne vous feriez-vous pas Sœur ? N'y avez-vous jamais songé ?

— C'est impossible. Vous savez bien que je suis pauvre; je n'aurai jamais la dot nécessaire.

— Cet obstacle, ma chère enfant, n'est pas si grand que vous l'imaginez. Quand des demoiselles, appartenant à une famille riche ou même simplement aisée, se présente comme postulantes, nous exigeons d'elle une dot, et cela doit être. Il est de toute équité qu'elles contribuent pour leur part aux charges d'une congrégation qui les prend à sa charge pour la vie. Mais, lorsque nous reconnaissons en des filles pauvres une vraie vocation, nous n'hésitons pas à les recevoir sans dot. Pour ce qui vous concerne, je ne crains pas de vous promettre dès à présent qu'on ne vous en demandera pas.

— Mais les demoiselles que vous prenez sans dot sont des habiles et des savantes, qui vous en dédommageront bien. Pour moi, je ne sais rien et je ne suis bonne à rien.

— Vous méconnaissez vos talents. J'ai pu constater de mes propres yeux, ce matin même, que vous êtes bonne à quelque chose.

— A quoi donc?

D'un air sérieux et convaincu :

— A gratter des carottes.

Ne pouvant contenir un éclat de rire :

— Bah! ce n'est pas difficile cela!

— N'importe! Il faut encore savoir le faire et s'y prêter volontiers. Or, voyez-vous, ces belles demoiselles, dont vous me parliez tout à l'heure, elles mangent bien des carottes, mais elles n'aiment pas à en gratter. Elles préfèrent exercer la finesse de leurs doigts sur du papier, sur les ouvrages délicats, voire sur le piano. Quand elles se font Sœurs, on les emploie naturellement comme maîtresses dans les écoles où les pensionnats, et elles y mourraient bientôt de faim, si elles n'avaient auprès d'elles quelques humbles compagnes pour peler leurs légumes. Soyez tranquille, on trouvera bien quelque moyen de vous utiliser, sans compter qu'on ne manquera pas de vous donner au noviciat une bonne partie de l'instruction qui vous fait défaut.

— Puisqu'il en est ainsi, j'y penserai, mais je ne me sens pas encore décidée.

— Eh bien, oui, pensez-y, consultez votre confesseur, et priez surtout la Sainte Vierge, qui n'a pas dédaigné de vous apparaître, de vous obtenir de son divin Fils les lumières et les grâces qui vous sont nécessaires. Puis, si le cœur vous en dit, vous demanderez à la Mère supérieure d'en donner avis, soit à la Mère générale, soit à moi, et je me charge du reste.

Ce fut le dernier mot de notre conversation.

V. — *Adieux à la grotte.*

Cependant, continue Mgr Forcade, une année presque entière s'écoule avant que Bernadette me fasse donner de ses nouvelles.

C'est seulement au mois d'août 1864 qu'elle manifeste son désir d'entrer au noviciat; et encore sa mauvaise santé ne permet-elle pas qu'on lui en ouvre les portes avant le 8 juillet 1866.

Elle reste, en attendant, chez les Sœurs de Lourdes.

Il y avait donc près de trois ans que je l'avais vue dans cette ville quand elle arriva à Nevers.

Je ne lui avais rien fait dire depuis lors, et personne non plus, à ma connaissance, n'avait agi sur elle, de quelque manière que ce fût, pour la décider à entrer dans la congrégation. Elle s'y détermina d'elle-même, en ayant simplement recours aux moyens surnaturels que je lui avais indiqués.

Avant de quitter Lourdes, elle distribua à ses compagnes d'enfance, aux personnes de sa parenté, à tous ses amis, de petites images de piété, au bas desquelles elle avait écrit tout simplement : « Priez pour Bernadette. »

Puis, un matin, protégée par le silence et la solitude, elle se rendit à la grotte, pria longuement et se releva pour partir de Lourdes.

Elle ne devait plus la revoir !

CHAPITRE II

Le noviciat.

I. — *Le fait saillant.*

C'est encore à Mgr Forcade que nous empruntons le moyen de suivre l'humble privilégiée de la grâce au Nazareth qu'elle s'est choisi.

« Le fait le plus saillant de son noviciat, dit le prélat, c'est qu'elle y garda un silence complet sur les apparitions de Lourdes. Pour l'éprouver sur ce point, la maîtresse avait défendu à ses novices et postulantes de lui en parler. Celles-ci obéirent religieusement, et bien que cette défense lui fût sans doute inconnue, elle-même ne se montra pas moins discrète. On a toujours remarqué du reste qu'elle se taisait absolument sur Lourdes, à moins que l'obéissance ou la bienséance ne lui fît un devoir de répondre aux questions qui lui étaient adressées.

» Il faudrait peu connaître l'homme, envisagé surtout au féminin, pour considérer ce petit fait comme insignifiant. Je ne crains pas de le proclamer véritablement héroïque et de l'inscrire comme tel à l'actif des novices aussi bien qu'à celui de Bernadette. Vous figurez-vous d'un côté celle-ci sortant de Lourdes, où elle a reçu des communications célestes ; de l'autre côté, plus d'une centaine de jeunes personnes électrisées par la célébrité de son nom, se voyant, se rencontrant, se parlant tous les jours, pendant une année tout entière, sans que jamais s'échappe de leurs lèvres un mot, un seul mot, sur ce qui déborde évidemment de leur imagination, de leur esprit et de leur cœur ! Si, pour expliquer un pareil prodige, on n'estime pas nécessaire de recourir au surnaturel, on conviendra du moins que rien ne peut donner une plus haute idée du noviciat des Sœurs de Nevers. »

II. — *Pendant le noviciat.*

A part ce remarquable incident, on ne peut rien signaler d'extraordinaire dans l'attitude ou dans la conduite de celle qui a été l'objet des prédilections de la Reine des cieux. Elle se montre régulière et édifiante en tout et pour tout ; mais, dans l'accomplissement même de ses devoirs de piété, elle ne dépasse pas extérieurement le niveau commun. Point de ravissements ni d'extases, pas même de pieux exercices ou d'austérités en dehors de ce que prescrit la règle ou le coutumier. Elle passerait tout à fait inaperçue, s'il était possible d'oublier l'événement miraculeux qui l'a mise en évidence devant le monde entier.

Il n'en sera pas autrement après sa profession.

Et il nous semble comprendre pourquoi Dieu a voulu qu'il en fût ainsi. Elle était prédestinée à servir de modèle aux multitudes innombrables qui devaient venir prier après elle à la grotte de Massabielle. Il fallait qu'elle restât à la portée de tous et qu'elle ne décourageât personne par des actes extérieurs de piété et de vertu trop au-dessus de ce qu'on peut généralement atteindre. Telle qu'elle nous est apparue, dans la simplicité de sa foi et de sa vie chrétienne, elle est et demeurera le vrai type des pèlerins de Lourdes.

Un fait évangélique confirme en nous ce sentiment. Quel est celui qui aida Notre-Seigneur à porter sa croix sur le Calvaire? Un homme obscur, sans aucun avantage extérieur, en apparence le premier venu, cédant à la contrainte plutôt qu'animé de bonne volonté : *angariaverunt eum.* Mais n'est-ce pas justement en considération de ces titres négatifs qu'il eut le suprême honneur d'être le type immortel de notre pauvre humanité marchant péniblement, la croix sur l'épaule, à la suite de son Rédempteur? *Infirma mundi elegit Deus.*

En dehors de son couvent, on était très disposé à considérer Bernadette comme une thaumaturge, et nous n'ignorons pas qu'on lui a plus d'une fois attribué des miracles. Mais la vérité est qu'elle n'en a jamais fait et qu'elle avait encore moins la prétention d'en faire. Je lui ai demandé à deux ou trois reprises si, depuis les célèbres apparitions, elle avait revu la Sainte Vierge ou reçu quelque autre grâce extraordinaire :

— Jamais, m'a-t-elle répondu très nettement; à présent, je suis comme tout le monde.

III. — *Son attrait particulier.*

Cependant, elle n'était pas précisément comme tout le monde.

J'ai constamment observé que son attrait le mieux caractérisé était celui de vivre inconnue et de n'être comptée pour rien, ce qui est très rare, même parmi les âmes qui tendent à la perfection. Personne ne mit jamais mieux en pratique cette maxime de l'*Imitation* : « Aimez à être inconnu et à être compté pour rien. »

Ne s'effaçait-elle ainsi que par défaut de moyens? On ne saurait l'admettre. D'abord, les sots ont naturellement beaucoup plus de tendance à se produire qu'à s'éclipser. Puis Bernadette, entrée fort ignorante au noviciat, y fit d'assez rapides progrès dans ses études pour faire preuve d'une intelligence au-dessus du vulgaire. Elle avait même ce qu'on appelle de l'esprit, et ses saillies ou ses reparties heureuses, quand on la fatiguait de questions indiscrètes, ne peuvent laisser aucun doute à cet égard. Cet esprit scintillait jusque dans ses yeux, d'une transparence et d'une beauté indéfinissables, où semblaient se réfléter encore les rayons célestes qu'ils avaient contemplés.

Elle était aussi fort adroite de ses mains. Il lui fallut peu de temps pour apprendre les divers travaux d'aiguille, même les plus difficiles et les plus délicats, et elle compta bientôt parmi les meilleures ouvrières d'une communauté, où l'on en rencontre pourtant d'une habileté peu commune.

IV. — *La vêture.*

Avant la fin du premier mois de son postulat dans la maison mère, Bernadette fut admise au saint habit. Elle le reçut le 29 juillet 1866, et ce fut alors que son nom fut changé en celui de sœur Marie-Bernard.

L'Évêque de Nevers présida la cérémonie.

La divine Providence y avait amené, comme fortuitement, deux grands serviteurs de Dieu et de son Église, Mgr de Mérode et M. le comte Lafond. Ils apparaissaient là comme de nobles ambassadeurs, ayant mission de représenter sur la terre la Reine des cieux à l'heure solennelle où sa fille bien-aimée se dépouillait des haillons du siècle pour se revêtir de la robe royale des Sœurs de Charité.

Et ils étaient l'un et l'autre véritablement dignes de cet honneur.

Ces deux hommes, d'aspect si différent et de nature si diverse, avaient cependant entre eux plus d'un trait de res-semblance. Ils étaient animés d'une même ardeur, d'un même dévouement, d'une même générosité pour toutes les saintes causes. Ils dédaignaient également d'user de leur grande for-tune pour les jouissances vulgaires du luxe ou pour n'importe quelle autre satisfaction personnelle ; mais ils étaient tou-jours prêts à en prodiguer les ressources pour les bonnes œuvres et premièrement pour les besoins du Saint-Siège. Seu-lement, chacun y procédait selon son caractère : l'un très ouvertement, quoique sans ostentation ; l'autre très secrète-ment, quoique sans aucun souci des jugements du monde. M. Lafond était à la lettre le bienfaiteur selon l'Évangile, dont la main gauche ignore ce que donne la main droite ; Mgr de Mérode, vrai successeur de l'intrépide saint Laurent, le grand aumônier du Pape saint Sixte, jetait sans y regarder son argent au vent (1), et si pour ce fait on l'eût aussi mis sur le gril, il aurait été de force comme d'humeur à répéter : *Assatum est Jam, versa et manduca !* Rôti à point, tourne, ami bourreau, et bon appétit ! »

Leur mémoire, momentanément associée à celle de Ber-nadette, restera pareillement en bénédiction.

____

(1) DISPERSIT, *dedit pauperibus.* Paroles du psaume CXI, appliquées à S. Laurent, dans l'office de sa fête.

CHAPITRE III

La profession.

I. — *Un privilège.*

Sœur Marie-Bernard a eu le singulier privilège de faire deux fois sa profession, dans les termes et dans les conditions où la faisaient les Sœurs de Nevers, avant l'approbation de leur institut par le Saint-Siège (1). Voici dans quelles circonstances.

Un louable usage de cette congrégation permet d'admettre à la profession les novices en danger de mort, alors même qu'elles sont encore éloignées du terme régulier de leur épreuve. On en est quitte, si elles reviennent à la santé, pour les faire rentrer au noviciat et leur en faire reprendre les exercices, malgré leur qualité de professes, jusqu'à l'expiration du temps exigé par les constitutions.

Tel fut le cas de Sœur Marie-Bernard, mais avec une variante, unique dans son genre, d'où il résulta qu'après avoir fait *in extremis* profession dans son lit, elle dut s'y reprendre plus tard à l'église, conformément au cérémonial ordinaire.

Nous laissons toujours la parole à Mgr Forcade.

(1) Cette approbation ne date que du 20 août 1820.

II. — *La première profession.*

Racontons d'abord l'histoire de la première profession. La pauvre Sœur avait une santé déplorable ; c'était sans doute la conséquence de la promesse que la Sainte Vierge lui avait faite du bonheur de l'autre vie, au prix de beaucoup de souffrances dans celle-ci. Elle traînait incessamment avec elle deux ou trois maladies graves et incurables, se traduisant de temps à autre par des crises violentes, qui la mettaient à deux doigts de la mort.

La première de ces crises eut lieu le jeudi 25 octobre 1866. Le soir de ce jour, entre neuf et dix heures, au moment où j'allais me mettre au lit, mon valet de chambre vint me prévenir que deux Sœurs de Nevers, accourues à l'Évêché, demandaient absolument à me parler pour affaire urgente.

Je m'empresse d'aller les trouver.

— Qu'y a-t-il donc pour que vous m'arriviez à pareille heure ?

— Le médecin a déclaré que Sœur Marie-Bernard ne passerait pas la nuit, et la mère générale nous envoie vous demander la permission de l'admettre à la profession.

— Je ferai mieux. Je ne veux céder à personne l'honneur de recevoir la profession de cette âme privilégiée. Retournez à Saint-Gildard et annoncez-moi ; je vous suivrai de près.

Je m'y suis en effet rendu presque en même temps qu'elles, et je me hâte de monter à l'infirmerie. Je trouve la malade haletante, pour ne pas dire râlante ; elle venait de vomir toute une cuvette de sang, qui était encore là près de son lit.

Je l'aborde.

— Vous allez mourir, ma chère enfant, et l'on me dit que vous désirez faire profession. Me voici pour la recevoir.

Alors d'une voix mourante :

— Je ne pourrai prononcer la formule... pas de force !

— Ce n'est pas une difficulté. Je vais la prononcer pour vous, il vous suffira de répondre : *Ainsi soit-il.*.

Ainsi fut fait. Je lui adressai quelques paroles d'encouragement, je la bénis, je la priai de ne pas m'oublier dans le ciel, et je me retirai tout ému, persuadé que je ne la reverrais plus vivante.

Comme on l'apprit plus tard par expérience, Sœur Marie-Bernard se relevait tout d'un coup de ces crises terribles. Au moment où l'on n'attendait plus que son dernier soupir, on était fort étonné de lui voir reprendre vie, comme en un clin d'œil.

La supérieure générale, qui avait assisté à la cérémonie, restait au pied de son lit avec la pieuse intention de lui fermer les yeux.

III. — *Une décision sévère.*

A peine étais-je sorti que l'agonisante, retrouvant la parole, lui dit en souriant :

— Vous m'avez fait faire profession, parce que vous croyez que je mourrai cette nuit. Eh bien, je ne mourrai pas cette nuit.

— Comment, reprend la supérieure d'un ton sévère, vous saviez que vous ne deviez pas mourir cette nuit, et vous ne me l'avez pas dit ! Et vous êtes ainsi cause qu'on a fait venir

Monseigneur à une heure indue, et qu'on a mis tout en l'air à votre intention. Vous n'êtes qu'une petite sotte. Je vous déclare que, si vous n'êtes pas morte demain matin, je vous enlève le voile de professe qu'on vient de vous donner, et je vous renvoie au noviciat avec votre voile de simple novice.

La Sœur conservant son calme et continuant à sourire :

— Comme il vous plaira, ma chère mère.

Le lendemain matin, Sœur Marie-Bernard n'était pas morte, et bientôt après elle rentrait humblement au noviciat à son rang et avec son voile de novice.

Ceux qui n'ont pas connu la mère Joséphine Imbert, alors supérieure générale, s'étonneront sans doute ou peut-être même se scandaliseront de sa conduite dans cette circonstance. Ils trouveront qu'elle s'est montrée bien dure envers sa fille moribonde, alors surtout qu'il s'agissait d'une telle fille. Mais nous savons, nous, qu'elle s'est au contraire montrée aussi charitable pour celle-ci que dure pour elle-même. On a dit de cette supérieure, l'une des plus accomplies et la plus capable que le Ciel donnât jamais à son institut, qu'ayant une tête d'homme, elle n'en gardait pas moins son cœur de femme, et qu'elle savait admirablement concilier ce cœur et cette tête. Rien n'est plus vrai. Seulement, elle redoutait à tel point pour la privilégiée de Lourdes les périls effroyables de l'orgueil, que vis-à-vis d'elle sa tête seule paraissait. Elle estimait de son devoir de la traiter avec froideur, avec rigueur même, et de l'humilier en toute occasion. Quoi qu'il en coûtât à son cœur, elle soutint jusqu'à la fin ce rôle pénible qu'elle s'était imposé, et qui est d'ailleurs une preuve assez évidente de la haute opinion que cette grande intelligence avait de la vertu de Bernadette.

J'avoue pourtant que la mesure me parut cette fois excessive, et je ne dissimulai pas à la chère mère Joséphine qu'elle avait, à mon avis, outrepassé ses pouvoirs. Toutefois, comme je n'aurais voulu pour rien au monde donner un dessous à son autorité, et qu'il est toujours loisible de renouveler ses vœux, je maintins la décision. Il fut en conséquence convenu que la Sœur Marie-Bernard serait comprise dans la première profession générale, comme si elle n'était pas déjà professe.

IV. *La seconde profession.*

Ce fut le mercredi 30 octobre 1867, qu'eut lieu, dans l'église de la maison mère, la seconde profession de Sœur Marie-Bernard. La cérémonie fut présidée, comme de coutume, par l'Évêque diocésain. Il ne s'y passa rien d'extraordinaire.

CHAPITRE IV

Les emplois de Sœur Marie-Bernard.

I. — *Une difficulté.*

C'est toujours l'ancien Évêque de Nevers qui parle.

Assigner une destination et donner un emploi quelconque à Sœur Marie-Bernard, devenue professe, n'était pas chose facile. Sa mauvaise santé n'en était ni la première, ni la principale cause. Ce qui constituait la vraie difficulté, c'est qu'on voyait de sérieux inconvénients, soit à la garder dans la maison mère, soit à l'envoyer dans une maison particulière.

Les emplois de la maison mère, même les moins élevés, sont considérés comme les premiers de la congrégation. On n'y appelle jamais les nouvelles professes, et l'on estime faire honneur non seulement aux anciennes, mais aux supérieures locales, quand on les leur confie. Faire une exception en faveur de Sœur Marie-Bernard, n'était-ce pas lui donner trop d'importance et l'exposer à plus d'un danger pour son âme ?

D'un autre côté, comment la supérieure d'une petite maison, ouverte à tout venant, pourrait-elle la défendre contre la curiosité publique, alors que la supérieure générale, avec ses Sœurs portières et son nombreux personnel, avait déjà beaucoup de peine à y réussir?

Le cas était réellement fort embarrassant, et j'avoue que pour mon compte je me sentais incapable d'en trouver une satisfaisante solution. Mais la chère mère Joséphine Imbert, dont l'esprit était infiniment plus fécond, ne la chercha pas longtemps, et me la fit bientôt connaître, en m'apprenant le rôle que, pour la mettre en œuvre, j'aurais personnellement à jouer.

Voici comment les choses se passèrent.

Il est d'usage, les jours de profession, de réunir, à un moment donné de l'après-midi, les nouvelles professes avec toute la communauté dans la grande salle du noviciat. Puis on prie l'Évêque de Nevers, qui a présidé le matin la cérémonie et n'a pas encore quitté la maison, de donner lui-même le crucifix, le livre des constitutions et la première lettre d'obédience à chacune des nouvelles professes qui viennent défiler devant lui, sur l'appel de la maîtresse des novices.

II. — *La solution.*

Le jour de la profession de Sœur Marie-Bernard, elle seule ne fut pas comprise dans cet appel, et pour elle seule on n'avait pas préparé de lettre d'obédience, suivant ce qui avait été convenu entre la Mère générale et moi. Je dis alors à haute voix :

— Pour quelle raison n'a-t-on pas appelé Sœur Marie-Bernard, et ne m'a-t-on pas remis pour elle une lettre d'obédience?

La supérieure générale se lève, et prenant son grand air :

— Monseigneur, il n'a pas été possible de lui assigner une obédience ; c'est une petite sotte qui n'est bonne à rien.

Rien que cela, et elle se rasseoit :

L'Évêque :

— Sœur Marie-Bernard, arrivez ici.

Elle vient s'agenouiller à mes pieds.

— Vous n'êtes donc bonne à rien ?

— La Mère générale ne se trompe pas ; c'est bien vrai.

— Mais alors, ma pauvre enfant, qu'allons-nous faire de vous, et à quoi bon votre entrée dans la congrégation ?

— C'est justement ce que je vous ai dit à Lourdes, et vous m'avez répondu que cela ne ferait rien.

Je ne m'attendais aucunement à cette réplique, que n'avait pas prévue l'auteur du petit drame, et franchement je ne savais plus que dire. Heureusement, l'excellente Mère Joséphine, qui n'était jamais à court, vient à la rescousse. Elle se lève de nouveau :

— Si vous le voulez bien, Monseigneur, nous pourrons la garder par charité à la maison mère et l'employer de quelque manière à l'infirmerie. Comme elle est presque toujours malade, ce sera précisément son affaire.

» Pour commencer, elle sera simplement chargée du nettoyage ; puis on pourra la mettre plus tard à faire de la tisane, s'il y a jamais moyen de le lui apprendre.

Il n'y avait certes pas là de quoi lui faire donner de la tête dans les étoiles. Je réponds :

— Agréé.

III. — *Les emplois.*

Le nettoyage d'une infirmerie n'est pas seulement un humble emploi ; on comprend assez que de sa nature il n'a rien d'agréable, et, quand il faut l'exercer dans une nombreuse communauté, c'est évidemment un emploi fort pénible.

Cependant Sœur Marie-Bernard l'accepta sans ombre de difficulté, ne s'en plaignit jamais, ne manifesta jamais le désir d'en obtenir un autre, et le garda longtemps en s'en acquittant de son mieux. Elle en fut tirée, dans la suite, mais ce fut uniquement, si j'ai bonne mémoire, sur la demande du médecin, qui voyait du danger à ce qu'on laissât végéter indéfiniment, dans l'air méphitique d'une infirmerie, un sujet aussi maladif.

Elle fut alors envoyée comme seconde à la sacristie, sous les ordres de la sacristine la plus accomplie que j'aie jamais rencontrée. C'était sans aucun doute un emploi qui devait être, à toute espèce de titres, beaucoup plus à son gré que le précédent. Toutefois, elle ne me l'a jamais dit, et je n'ai jamais pu connaître au juste l'impression produite sur elle par ce changement. Elle ne savait qu'obéir aveuglément, sans en témoigner dans aucune circonstance ni joie ni peine.

IV. — *Un emploi unique.*

D'ailleurs, au-dessus de ces emplois subalternes, que son humilité était loin de dédaigner, mais dont elle n'était réellement investie que pour la forme, elle eut toujours un emploi

bien supérieur qu'elle tenait directement de Dieu, et qui fut,
à vrai dire, dans sa vie religieuse son unique emploi. C'était
l'emploi de victime pour l'expiation de nos péchés, et con-
séquemment pour le triomphe de l'Église et le salut de la
France.

De là cette incroyable complication d'infirmités irrémédiables,
dont une seule aurait suffi, selon les lois communes de notre
frêle organisme, pour la conduire promptement au tombeau.
Il a fallu un véritable miracle pour que sa vie y résistât pendant plus de douze ans; mais aussi, durant cette longue
période, quel poids accablant de continuelles et effroyables
souffrances !

Comment a-t-elle accepté et supporté cette interminable
passion ?

Nous avouerons sans détour que ce ne fut pas à tous les
yeux d'une manière irréprochable. Certains mouvements d'impatience, certaines vivacités, certaines boutades même, ont
quelquefois étonné et péniblement impressionné les Sœurs qui
la soignaient. Mais ces petits écarts provenaient uniquement
de la surexcitation irrésistible où la jetaient quelques-unes de
ses crises, et il est juste comme charitable de penser qu'elle
n'en était point coupable devant Dieu, parce qu'alors elle ne
jouissait pas suffisamment de son libre arbitre. Au plus intime
de son âme, elle n'en restait pas moins, nous le savons,
soumise et résignée, reconnaissante même et joyeuse. Ce qui
le prouve bien, c'est que, dès qu'elle se retrouvait elle-même,
elle s'empressait de gémir et de s'humilier au sujet de ces
simples cris de la nature, dans lesquels sa volonté avait si
peu de part.

Tirons-en cette conclusion que Bernadette s'est acquittée

divinement et saintement de son grand emploi de victime, et que l'odeur de son sacrifice a été très agréable à Dieu : *Odor suavissimus victimæ Domini* (1).

Il est même permis d'espérer que ce sacrifice a maintenant atteint son but, puisque le Ciel vient d'y mettre un terme, et que le jour n'est plus éloigné où nous recueillerons dans la joie ce qui a été semé pour nous dans les larmes.

(1) Exod. xxix, 18.

CHAPITRE V

Vie cachée.

I. — *Le plan des supérieures.*

C'est l'ancien Évêque de Sœur Marie-Bernard qui nous l'expose.

Dès le premier jour où la divine Providence, plaçant Bernadette sous mon autorité, daigna m'en constituer le gardien, je pris la ferme résolution de la soustraire absolument à la curiosité publique. La Révérende mère supérieure générale partageait entièrement mes vues à ce sujet, et l'humble enfant qui nous était confiée ne désirait rien tant elle-même que de se dérober à tous les regards. Son principal attrait était manifestement pour la vie cachée.

Mais il nous fallut quelquefois du courage et de l'énergie, surtout dans les premiers temps de son séjour à Nevers, pour résister aux pressantes instances des nombreux visiteurs qui désiraient l'entretenir ou pour le moins la voir. Il nous était souvent bien pénible de refuser cette consolation à des personnes qui nous paraissaient infiniment respectables, venaient quelquefois de très loin, et mêlaient des larmes à leurs supplications. Leur céder aurait rendu toute vie religieuse impossible, et pour Bernadette, et pour la communauté; quoi qu'il nous en coûtât, nous restions inflexibles.

Nous avions à craindre, d'ailleurs, d'autres inconvénients, qui n'auraient point été moins graves. On en jugera par le trait suivant :

II. — *Un original à Nevers.*

Bernadette n'avait pas encore terminé son noviciat, quand un beau jour se présente à la porte du couvent un homme encore jeune, vêtu avec élégance et de manières distinguées. D'un ton fort dégagé, quoique convenable, il demande à la voir, comme s'il s'agissait de la chose du monde la plus simple. La Sœur portière lui répond qu'il faut pour cela ma permission, et qu'il est inutile d'aller me la demander, attendu que je ne l'accorde à personne.

— Mais pourtant, ma Sœur, il est de toute nécessité que je voie au plus tôt Bernadette pour une communication des plus importantes. Annoncez-moi du moins à madame la supérieure générale, qui ne se montrera peut-être pas trop inexorable. Je suis le comte de X***.

Et il décline un assez joli nom.

La mère générale consent à recevoir ce haut personnage, et le prie de lui faire connaître l'objet de sa visite.

— Il s'agit, Madame, d'une question si délicate, que je ne puis m'en ouvrir qu'à Bernadette seule.

— Vous devez comprendre, monsieur le Comte, qu'il m'est rigoureusement impossible de vous mettre en rapport avec elle, si vous ne consentez à me donner au moins une idée sommaire de la nature de cette question.

— C'est précisément sa nature qui ne me permet pas de m'en expliquer avec vous. Tout ce que je puis vous dire, c'est que l'affaire dont j'ai à l'entretenir est pour elle, autant que pour moi-même, d'un très haut intérêt.

— Si vous ne pouvez m'en dire davantage, je le regrette infiniment, mais vous ne la verrez pas.

MONSEIGNEUR DUPANLOUP

— Cependant, Madame....

— Comment, Monsieur, vous prétendez que...!

— Madame, vous assumez sur vous une grave responsabilité, beaucoup plus grave que vous ne pouvez l'imaginer !

— J'en assumerais une qui me pèserait bien autrement, si je cédais à vos instances.

D'un air noblement indigné :

— Madame !...

— Monsieur le Comte, il est tout à fait inutile d'insister plus longtemps.

Le comte, après un moment d'hésitation :

— Puisqu'il faut tout vous dire, Madame, eh bien, je vous le dirai.

» Je veux me marier, il n'y a pas de mal à cela, et comme ma position et ma fortune me laissent une assez grande latitude pour mon choix, après y avoir mûrement réfléchi, je me suis décidé à offrir ma main à Bernadette.

— Mais vous rêvez, Monsieur !

— Madame, je ne rêve pas du tout ; j'ai, au contraire, parfaitement raisonné mon affaire. D'abord, il n'y a pas d'impossibilité du côté de la jeune personne, puisqu'elle n'a pas encore fait ses vœux, et, pour ce qui me concerne, je ne saurais être que flatté d'une telle alliance. Nous en avons déjà de très belles dans notre famille ; toutefois ce sera la première avec une personne favorisée d'apparitions de la Sainte Vierge. Je ne serais pas fâché d'introduire ce nouvel élément de noblesse dans notre maison.

— Mais c'est une mauvaise plaisanterie !

— Non, Madame, je ne plaisante pas le moins du monde. Quoique je sois bon chrétien, je reconnais sans peine que je suis peu digne d'une si sainte alliance ; mais, que voulez-vous, dans les affaires de mariage comme dans toutes les autres, les avantages et les désavantages se balancent. J'ai un nom, un titre et de la fortune ; elle n'a rien de tout cela : voilà mon contrepoids.

— Mais pour qui nous prenez-vous, et quelle idée vous

faites-vous de Bernadètte elle-même? Comment pouvez-vous imaginer que cette pauvre enfant consentira jamais à se marier, au moment même où Dieu l'appelle à la vie religieuse?

— Ma proposition sera précisément l'épreuve de sa vocation. Si elle l'accepte, il vous deviendra facile d'en conclure qu'elle en avait peu; si elle ne l'accepte pas, vous serez assurée qu'elle en a beaucoup, sans compter que ce refus ajoutera singulièrement à son mérite devant Dieu et devant les hommes.

— Assez, Monsieur, assez; si c'est pour cela que vous êtes venu, vous avez fait un voyage bien inutile. J'ai l'honneur de vous saluer.

En se retirant avec une figure profondément déconfite :

— Mais au moins, Madame, vous lui parlerez de moi et vous lui ferez connaître mes généreuses intentions. Avant de faire ses vœux, il faut pourtant bien qu'elle sache un peu ce qu'elle perd.

Cet original eut encore la naïveté d'écrire, quelques jours plus tard, à la supérieure générale, pour lui demander l'effet produit sur Bernadette par sa proposition. Bien entendu, on ne lui répondit pas, et ainsi se termina l'aventure.

III. — *Visites admises facilement.*

Ce curieux épisode suffira, je l'espère, pour me justifier du reproche de sévérité excessive qu'on m'a plus d'une fois adressé. Les seuls personnages que j'admettais, non seulement sans difficulté, mais avec empressement, c'étaient mes vénérables collègues dans l'épiscopat. J'attachais naturellement beaucoup de prix au jugement qu'ils pouvaient porter *de visu* sur notre chère Bernadette.

J'ai eu la satisfaction de la mettre successivement aux pieds de S. E. le cardinal Donnet, de S. Exc. le Nonce Apostolique, qui était alors Mgr Chigi, et de plusieurs autres Évêques. Elle a produit sur tous sans exception l'impression la plus favorable, et je n'ai jamais remarqué que la bienveillante attention dont elle était l'objet de la part de cès princes de l'Église portât la moindre atteinte à son humilité. Tout en se montrant très respectueuse, elle restait aussi simple et aussi naturelle vis-à-vis d'eux que vis-à-vis du commun des mortels.

M'apercevant un jour qu'un très haut prélat était tombé comme en extase devant elle, je craignis qu'elle ne s'en aperçût elle-même, et je lui dis brusquement d'un ton très sec :

— Qu'attendez-vous encore? On vous a vue, cela suffit, et l'on n'a plus besoin de vous.

Elle se retira immédiatement, sans dire un mot, sans témoigner aucune peine, et même en me souriant.

Mais deux visites épiscopales méritent, entre toutes, d'être racontées avec quelque détail. Il s'agit d'abord de celle de Mgr Landriot, archevêque de Reims, puis de celle de Mgr Dupanloup, évêque d'Orléans.

CHAPITRE VI

Deux visites épiscopales.

I. — *Mgr Landriot à Nevers.*

La visite de ce savant prélat a fourni à Mgr Forcade un de ses plus piquants récits.

J'aimais beaucoup cet excellent prélat, qui me plaisait surtout par ses franches allures, et je crois qu'il me le rendait bien. Quoique nous n'eussions pas les mêmes idées sur tout point, nous n'avions jamais ensemble la moindre difficulté, et il existait même entre nous une familiarité, respectueuse sans doute, mais toute fraternelle.

Je ne me rappelle plus exactement en quelle année, il avait eu l'aimable attention de s'arrêter chez moi, en allant prendre quelques vacances au château du Jeu, sur les limites des diocéses d'Autun et de Nevers. Pendant le dîner, la conversation vint à tomber, je ne sais trop comment, sur Lourdes et sur Bernadette. Après avoir écouté quelques instants en silence, Mgr Landriot, avec son franc-parler ordinaire, me dit à brûle-pourpoint :

— Votre Bernadette, moi, je n'y crois pas !

— Comme il vous plaira, mon cher seigneur ; Bernadette

n'est assurément pas un article de foi. Permettez-moi cependant de vous demander si vous ne l'avez jamais vue ?

— Non, et je n'ai aucune envie de la voir.

— Pourquoi cela ?

— Parce que je n'y crois pas.

— Mais qui sait, si, après l'avoir vue, vous n'y croiriez pas ?

— Il n'y a pas de danger !

Après le repas, dès que je pus me trouver seul avec mon vénérable ami, je ne lui dissimulai pas que je l'avais trouvé un peu vif à l'endroit de Bernadette, et je lui demandai formellement, en manière de réparation, d'aller la voir avec moi le lendemain matin.

— Vous êtes, lui dis-je, un savant homme et un habile ergoteur. Si vous parvenez à la dérouter sur le fait des apparitions de Lourdes, et à me démontrer ainsi, soit qu'elle se trompe, soit qu'elle nous trompe, vous me rendrez un grand service. Je ne tiens aucunement à faire vis-à-vis d'elle un métier de dupe, et je vous déclare que dans ce cas je la lâche immédiatement.

II. — *Auprès de Bernadette.*

Mon cher confrère me répondit du bout des lèvres :

— Nous verrons cela, je ne vous dis pas non.

Mais il n'en restait pas moins clair que ma proposition ne lui souriait guère.

Néanmoins, je fis atteler le lendemain, dès qu'il eut dit sa messe, et j'allai le prendre. Il dut me suivre bon gré mal gré, et pendant le court trajet qui sépare l'évêché de Saint-Gildard, préparant sans doute sa thèse, il paraissait tout pensif.

On amène enfin devant nous Sœur Marie-Bernard, et avec une sorte de petite rage il s'en donne à cœur-joie. Il la presse de questions et d'arguments, la tourne et la retourne dans tous les sens, comme aurait pu le faire un vieil examinateur de profession, entre les plus intraitables. La Sœur, sans se déconcerter un instant, répond à tout en termes laconiques, mais clairs, précis et pleinement satisfaisants. Fatigué plus tôt qu'elle, il abandonne le terrain, et nous nous retirons.

Dès que nous sommes remontés en voiture :

— Eh bien, me dit-il, maintenant j'y crois. J'y crois, parce que je suis battu, et que je ne puis m'expliquer comment, en dehors d'une assistance surnaturelle, une naïve et ignorante pastourelle des Pyrénées m'a si facilement et si complètement exécuté.

Et ce ne fut pas sous la simple influence d'une impression passagère que l'illustre archevêque de Reims me tint ce langage qui fait tant d'honneur à sa loyauté. Deux ou trois ans plus tard et sans que je l'y eusse aucunement provoqué, je l'ai entendu s'exprimer encore, à peu près dans les mêmes termes, devant une nombreuse compagnie réunie au château du Jeu.

On conviendra sans doute que ce témoignage vaut bien celui de l'apôtre saint Thomas.

III. — *Visite de Mgr Dupanloup.*

Le 16 avril 1872, entre quatre et cinq heures de l'après-midi, se présente seul et fort humblement à la porte du couvent, un vieil ecclésiastique de taille ordinaire, portant sur sa tête un vieux chapeau, sur ses épaules une vieille douillette, et sous son bras un vieux parapluie. Il demande à voir Bernadette.

La Sœur de la porte lui répond, comme de coutume, qu'il faut ma permission, qu'il n'y aura pas moyen de l'obtenir, parce que je suis en tournée, et qu'en tout cas je ne l'accorde qu'aux évêques.

— Mais, cela tombe bien, reprend le vieillard, je suis l'évêque d'Orléans.

Sur ce, la Sœur fort étonnée le fait entrer au parloir, et s'en va en toute hâte prévenir l'une des assistantes. Elle lui tient à peu près ce langage :

— Il y a à la porte un vieux monsieur Prêtre qui demande à voir Sœur Marie-Bernard et se dit évêque d'Orléans. Mais ça n'a pas du tout l'air d'un évêque; c'est si minable !

Nous faisons grâce de la description pittoresque, mais peut-être un peu prolixe, de l'homme et de sa toilette. On peut se contenter de la quintessence du discours.

Le doute de la portière est partagé par l'assistante; elle a peine à croire que le célèbre Évêque d'Orléans arrive seul et en si piteux équipage.

Elle va trouver dans sa chambre la supérieure générale, lui expose le cas, et lui demande ce qu'elle doit faire. La supérieure s'inquiète à son tour et craint également, dans une pareille incertitude, soit d'accorder, soit de refuser l'admission.

Cependant elle se décide, après quelques moments d'hésitation, à permettre que l'inconnu soit mis en rapport avec Sœur Marie-Bernard, mais en recommandant bien à l'assistante de se tenir vis-à-vis de lui dans une grande réserve et de ne pas le quitter un instant.

Cette prudente consigne fut rigoureusement observée jusqu'à la fin de la visite. On ne fut entièrement rassuré que le lendemain sur l'identité de la personne.

Un si froid accueil ne déconcerte pas Mgr Dupanloup. Avec son ardeur ordinaire et sa ténacité bien connue, il soumet la pauvre Bernadette à une longue et rude question, et ne la lâche pas qu'il n'en ait tiré tout ce qu'il voulait en savoir.

Il se lève enfin et demande à l'assistante si l'on ne pourrait pas lui donner l'hospitalité pour la nuit dans quelque dépendance du couvent ou chez l'aumônier. On lui répond que c'est impossible et il se retire....

· Nous avons, conclut Mgr Forcade, la certitude que Mgr Dupanloup sortit satisfait de son entrevue avec Bernadette, et que ses convictions sur le miracle de Lourdes, si elles n'étaient pas encore définitivement établies, le furent à dater de ce moment.

L'excellent Prélat vint dans la soirée demander l'hospitalité à l'évêché. Il s'informa alors auprès de mon secrétaire, qui, en mon absence, lui en faisait les honneurs, de ce que je pensais au sujet de Bernadette, et celui-ci l'ayant assuré que j'avais une foi entière dans sa sincérité et dans la vérité de ses assertions :

— Moi aussi, répliqua-t-il, et je suis heureux de me trouver sur cette question pleinement d'accord avec votre évêque.

Cette simple affirmation, aussi explicite que possible, ajoute à tant d'autres témoignages celui d'un homme dont le nom fait autorité, non seulement dans l'Église, mais dans le monde.

Cependant aucun témoignage, si considérable qu'il soit, ne vaudra jamais comme démonstration le portrait de l'humble Vierge de Lourdes.

CHAPITRE VII

Le portrait de Sœur Marie-Bernard.

I. — *Une calomnie dévoilée.*

Avant de tracer le portrait de l'humble et simple Sœur,
que fut Bernadette chez les Dames de Nevers, il convient
de dire un mot des bruits que la libre-pensée, agacée par
les succès croissants des pèlerinages de Lourdes, se plaisait
à répandre sur son compte.

On savait qu'elle vivait, à Nevers, très retirée et que les
supérieurs favorisaient son attrait pour l'obscurité de son cher
Nazareth religieux.

C'en fut assez pour dire et imprimer qu'elle était folle et
enfermée comme telle au couvent de Saint-Gildard, très secrè-
tement pour les besoins de la cause.

Un médecin consciencieux, président de la Société médi-
cale de l'Orne, voulut en avoir le cœur net, et le docteur
Damoiseau en écrivit à son collègue, le président de la Société
des médecins de la Nièvre.

Voici la réponse qu'il en reçut :

« Nevers, 3 septembre 1872.

» Mon cher Confrère,

» Vous ne pouviez mieux vous adresser pour avoir, sur la jeune fille de Lourdes, aujourd'hui Sœur Marie-Bernard, les renseignements que vous désirez.

» Médecin de la communauté, j'ai donné des soins pendant longtemps à cette jeune Sœur, dont la santé très délicate nous a donné de vives inquiétudes.

» Aujourd'hui cet état s'est amélioré, et, de malade, elle est devenue mon infirmière, s'acquittant dans la perfection de sa besogne.

» Petite, d'apparence chétive, elle a vingt-huit ans. Nature calme et douce, elle soigne ses malades avec beaucoup d'intelligence, et sans rien omettre des prescriptions faites ; aussi jouit-elle sur elles d'une grande autorité, et de ma part d'une grande confiance.

» Vous voyez, mon cher Confrère, que cette jeune Sœur est loin d'être aliénée. Je dirai mieux : sa nature calme, simple et douce, ne la dispose pas le moins du monde à glisser de ce côté.

» Je suis heureux, mon cher Confrère, de cette occasion, etc.

« *Signé* : Robert SAINT-CYR,

» *Président de la Société des Médecins de la Nièvre.* »

II. — *Quelques coups de pinceau.*

Les compagnes de la Voyante de Lourdes durent, on le comprend, être attentives aux dires, faits et gestes de la bien-aimée de Notre-Dame.

C'est par elles que l'on a eu connaissance de quelques traits, qui vont nous aider à tracer la silhouette religieuse de Sœur Marie-Bernard.

Un jour, quelqu'un la surprit, qui pleurait, en lisant les pages du Saint Évangile, où se trouve raconté le drame du Calvaire. Or, elle n'avait point pleuré, au sermon du Vendredi Saint, et on lui en fit la remarque, en lui demandant la raison de cette différence.

— C'est que, dit-elle, la Passion me touche plus quand je la lis, que quand on la prêche.

Un autre jour, en récréation, on parlait de l'obéissance dans la vie religieuse, et on racontait le fait de sainte Thérèse, qui, ayant une vision de l'Enfant Jésus dans sa cellule, quitta l'Enfant-Dieu, au moment où la cloche du monastère vint à sonner pour appeler les Sœurs à un exercice de règle. Chacune des religieuses admirait l'obéissance héroïque de la séraphique Espagnole, quand Sœur Marie-Bernard interrompit les exclamations générales, pour dire :

— Oh ! moi, je n'aurais pas fait ainsi. Au lieu de poser le petit Jésus par terre, je l'aurais gardé sur mon bras et je serais allé au chœur, assurément il ne m'aurait pas quittée.

Elle redoutait par-dessus tout les visites, même celles de

Mgr Forcade quand il arrivait avec quelque ecclésiastique étranger, et, comme on lui disait alors que Monseigneur venait la voir.

— Oh ! non, répliquait-elle vivement, Monseigneur ne vient pas me voir, il vient me faire voir.

L'esprit d'obéissance prenait cependant vite le dessus.

— Eh bien, soit, disait-elle alors gaiement, qu'on me montre comme une bête curieuse, pourvu que je sois la bête du bon Dieu.

Les enfants l'aimaient beaucoup, charmés qu'ils étaient de sa douceur et de je ne sais quoi d'enfantin qu'elle garda jusqu'au bout, dans ses allures et sa franche gaîté.

Quand on racontait devant elle ce qui se passait à Lourdes, et qu'on la plaignait de ne pouvoir plus en être le témoin consolé :

— Ne me plaignez pas, répondait-elle, ce que j'y ai vu est bien plus beau !

III. — *L'ensemble de la physionomie.*

M. Henri Lasserre a raconté tous ces traits, toutes ces paroles, en les enchâssant dans des récits, comme sait le faire ce pieux et admirable conteur (1).

---

(1) Parmi les hommes qui ont puissamment contribué à la réalisation de l'œuvre de Notre-Dame de Lourdes, M. Lasserre occupe une des premières places.

Guéri miraculeusement d'une cécité presque complète, il entreprit d'écrire l'histoire des événements qui s'étaient accomplis à Lourdes en 1858.

Ayant reçu les confidences de la jeune Voyante et de Mgr Peyramale, pour qui il professa le dévouement le plus absolu, mis au courant de tous les faits par l'autorité diocésaine, il composa une *Histoire de Notre-Dame de Lourdes*. Ce livre qui compte plus de cent éditions et qui a été traduit dans presque toutes les langues, est une des plus remarquables parmi les œuvres de ce siècle qui en compte de si belles.

Il les conclut, par cette vue d'ensemble, que nous sommes heureux de faire nôtre, pour achever cette esquisse.

« Toute une congrégation est là pour l'attester à la terre, dit l'éloquent biographe, nulle créature n'eut plus de vie, plus de grâce, même humaine, plus de physionomie personnelle, plus d'esprit spontané, plus d'individualité caractéristique, que celle sur qui se reposèrent, dix-huit fois, à la grotte de Lourdes, les regards de la Reine du ciel, que cette Bernadette, que cette Sœur Marie-Bernard, qui, depuis treize années, vécut pleine de charme, d'amabilité, de piété et de droiture, au milieu des Sœurs de Nevers, s'avançant de plus en plus vers la perfection religieuse et captivant ses chères compagnes, comme elle avait attiré à elle, il y a vingt ans, les prédilections de la Vierge sans tache. Toutes l'aimaient en vérité, et elle était la seule à ne point s'aimer.

» Elle avait conservé en toute leur fraîcheur première ces sentiments universels, ces sentiments naïfs et simples que le Père de toute créature se plaît, partout et toujours, à voir s'épanouir au cœur des humains. En s'enlaçant pieusement au pied de l'autel, cette plante fleurie avait gardé le franc parfum qu'elle avait apporté du grand air des champs.

» Réalisant en sa plénitude le type idéal de la Congré-

Cette histoire, où la foi qui s'en exhale est si robuste, vivra comme les églises qu'elle a contribué à construire.

D'autres livres, parmi lesquels l'*Histoire de Bernadette* et les *Épisodes miraculeux de Lourdes*, ont mis le sceau à la réputation de M. Henri Lasserre. Nous ne pouvons pas analyser ces œuvres, mais nous en recommandons la lecture aux incrédules comme aux croyants : ceux-ci y trouveront une nouvelle force pour leur foi, ceux-là peut-être leur chemin de Damas; tous, sans contredit, des agréments d'une bonne littérature.

M. Lasserre, qui avait fait construire une rotonde rustique avec tables pour les pèlerins, démolie par les exigences des travaux accomplis autour de la Grotte, a contribué largement à l'érection du tombeau en l'honneur de Mgr Peyramale, dont il est resté l'ami fidèle. (BARBET, *op. cit.*, p. 80.)

gation qu'elle avait élue pour famille; s'abandonnant sans
réserve, se pliant totalement, sans nulle résistance et sans
nulle contention, à l'action divine, Bernadette, devenue Sœur
Marie-Bernard, s'était développée et sanctifiée dans une harmonie sans discordance. Croissant chaque jour en piété, en
bonté, en sagesse, sachant supporter la souffrance avec la
patience des martyrs et prier avec la ferveur des anges,
elle avait gagné constamment dans l'ordre de la grâce sans
rien perdre jamais dans l'ordre de la nature. Aidée par le
secours d'en haut, elle avait résolu le difficile problème religieux et moral, de grandir en tout sans se déformer en
rien, de se vaincre sans se prévaloir. »

CHAPITRE VIII

Deuils du cœur.

I. — *Retour vers Lourdes.*

Bernadette avait le cœur trop haut pour ne pas éprouver
ces élans que les plus grands saints ont cultivés en eux-mêmes,
l'amour du pays natal.

Pour elle, le pays natal avait un charme surnaturel qu'il
n'aura eu pour aucun autre. C'est là que Marie, en lui
apparaissant, l'avait consacrée sa Voyante. C'est là que Marie
voyait les foules répondre à l'appel que la miséricordieuse
Reine avait chargé l'humble enfant des Pyrénées de leur
transmettre. C'est là que vivaient les âmes qu'elle aimait
le plus au monde, ses parents, ses amis, les apôtres du
pèlerinage, le curé Peyramale, le bon abbé Pomian qui
l'avait préparée à faire sa première communion, ceux qui
s'étaient généreusement constitués ses défenseurs contre la
persécution du semeur éternel d'ivraie en ce champ béni du
père de famille, le savant et pieux docteur Dozous (1), et
tant d'autres.

(1) Après M. Lasserre, nous devons mentionner M. le docteur Dozous, praticien
habile, écrivain de talent, qui, lui aussi, a écrit une *Histoire de la Grotte de Lourdes.*

C'est là qu'elle avait vu l'évêque qu'elle vénérait le plus au monde, l'évêque choisi du ciel pour sceller, an nom de l'Église, la vérité des célestes apparitions.

De cet évêque, il convient de dire un peu longuement ce qu'il fut pour Bernadette et pour la sainte Église de Tarbes, justement fière de l'avoir eu pour pasteur.

II. — *Mgr Laurence.*

Bertrand-Sévère Laurence, issu d'une honnête et chrétienne famille de cultivateurs, naquit le 7 septembre 1790 à Oroix, commune située à 12 kilomètres de Tarbes. Son humble naissance et les faibles ressources de ses parents semblaient le vouer d'avance à l'obscurité.

Cependant un médecin de campagne, qui travaillait provisoirement dans la contrée, fut frappé de la précocité de son intelligence jointe au plus heureux caractère et demanda qu'il lui fût confié.

Et c'est ainsi que le bourg de Juncalas, près de Lourdes, vit arriver le médecin Dusseren, accompagné de son jeune élève, qui, tout d'abord, fut employé à faire les barbes des paysans du village.

L'abbé Cazenavette, qui était à la tête de la paroisse de Juncalas, et qui le considérait attentivement, soupçonna que le Ciel avait des desseins sur lui et lui proposa de se faire

Ce livre est un témoignage authentique et scientifique de l'intervention divine dans les faits accomplis à Lourdes. On le lira avec intérêt et avec fruit. M. Dozous, en effet, a assisté, en observateur sagace, à presque toutes les Apparitions et il en rend compte avec une remarquable fidélité. Il était présent, avec quelques sommités de la ville et beaucoup d'étrangers, à la *scène du visage*; c'est lui qui, la montre à la main, compta les minutes pendant lesquelles la flamme traversa les doigts de la Voyante sans les brûler. (BARBET, *op. cit.*, p. 81.)

prêtre : ce qu'il accepta de grand cœur. Les voilà tous d'eux, maître et disciple, se livrant à un travail opiniâtre. A l'âge de vingt ans seulement, il consentit à se séparer de son vénéré précepteur et alla terminer ses études au séminaire d'Aire.

D'un rare mérite, il fut d'abord supérieur du Petit-Séminaire de Saint-Pé, qu'il avait fondé en 1822. Pendant quelques semaines, il remplit par intérim les fonctions de curé de Lourdes, à la mort de l'abbé Condat (1830), jusqu'à la nomination de M. L'abbé Forgues. De Saint-Pé, il passa au Grand-Séminaire de Tarbes et devint le vicaire général de Mgr Double, auquel il succéda : le jeune barbier de Juncalas était devenu évêque ! Il conserva toujours une véritable tendresse pour les habitants de cette paroisse où s'était écoulée son enfance. Et c'est pour ce motif qu'il confia l'exécution des travaux de la Basilique à M. Laborde Maloï, l'un de ses compatriotes.

Tête froide, intelligence supérieure, esprit essentiellement pratique et administrateur, il n'était accessible, ni aux illusions de l'imagination, ni aux entraînements d'un enthousiasme irréfléchi. Il pesait tout avant d'agir et calculait toujours la conséquence de ses actes. *Sévère* de nom et rigide pour lui-même, il a été parfois trouvé un peu sévère pour les autres.

Ce n'est point le lieu de retracer les événements qui se sont réalisés à Lourdes sous son épiscopat, les grandes luttes qu'il eut à soutenir, et la rare prudence dont il fit preuve en ces circonstances solennelles.

Trois ans s'étaient écoulés depuis les apparitions. Après des enquêtes minutieuses, après une série surabondante de preuves et de certitudes, Mgr Laurence publia le remarquable man-

LE DOCTEUR DOZOUS

dement sur l'apparition qui avait eu lieu à Lourdes : c'était le 18 janvier 1862.

Les travaux de la Basilique commencèrent immédiatement ; l'église s'éleva comme par enchantement, grâce à l'activité de Mgr Laurence, grâce surtout aux dons qui affluaient de toutes parts.

L'Église prit possession de ces lieux à jamais consacrés, par l'inauguration et la bénédiction d'une superbe statue de la Sainte Vierge, qui fut placée, avec la plus grande pompe, dans cette niche rustique, où la mère de Dieu était apparue à l'humble bergère. Quarante à cinquante mille personnes étaient accourues à cette fête, la première et l'une des plus belles et des plus imposantes parmi celles qui ont eu lieu à la grotte. Mgr Laurence continua son œuvre, et, quand la crypte fut construite, il appela, pour le service du culte et pour la direction des travaux, le T. R. Père Sempé et quelques autres missionnaires de la Congrégation de Garaison.

Le 23 novembre 1869, Mgr Laurence signa, avec le maire de la ville, le traité de vente du rocher que surmonte l'église au midi et dont les grottes de Spélugnes forment le plus bel ornement

Quelques jours après, il repartait pour Rome, où l'avait appelé le chef de l'Église. Il s'y trouvait depuis deux mois, lorsque la mort le surprit le 30 janvier 1870 : il avait quatre-vingts ans.

Il avait annoncé sa mort. Le service funèbre du vénérable évêque se fit à Rome, en l'église de Saint-Louis-des-Français. Mgr de Bayonne chanta la messe. Cent quarante évêques français, espagnols, allemands et hongrois y assistaient. Les funérailles eurent lieu à Tarbes, au milieu d'un immense concours de peuple, le 9 février 1870.

Mgr Laurence est le créateur d'œuvres fécondes : maisons d'enseignement, congrégations religieuses, établissements de charité, etc., etc. (1).

La mort de l'évêque de Tarbes fut un gros chagrin pour Bernadette.

III. — *Mgr Peyramale.*

Du moins, il lui restait M. le curé.

Sa joie fut grande, quand elle apprit par M. Lasserre que Pie IX l'avait élevé à la dignité de protonotaire apostolique, et elle rit de bon cœur, quand on lui raconta comment le successeur de Mgr Laurence s'y était pris pour obliger l'humble curé à accepter cette haute prélature (2).

(1) BARBET, *op. cit.*, p. 74-77.

(2) Mgr Peyramale (Dominique-Marie), protonotaire apostolique, est né le 11 mai 1811, à Monières (la troisième des communes échelonnées de Tarbes à Bagnières.)

Il était le sixième des enfants d'une famille de dix membres, parmi lesquels on compte un médecin, un receveur de l'enregistrement et un attaché d'ambassade, qui avait d'abord été précepteur des pages du roi et dont une fille avait épousé le frère de Garcia Moréno, président de la République de l'Équateur, mort tragiquement il y a une dizaine d'années.

Dès son jeune âge, Marie-Dominique Peyramale eut une vocation bien déclarée pour la prêtrise. Après avoir fait ses études à Saint-Pé et à Tarbes, il entra au grand séminaire, fut ordonné prêtre en 1835, nommé vicaire à Vic, puis à la paroisse Saint-Jean à Tarbes.

En 1843, il fut nommé desservant à Aubarède et fut appelé ensuite au poste d'aumônier de l'hôpital civil et militaire de Tarbes. De l'hôpital de Tarbes, il vint à la cure de Lourdes à son corps défendant, car il voulait rester avec ses chers malades, dont il était adoré.

D'une belle stature un peu rugueuse, la physionomie fière, un regard d'aigle; doué d'une intelligence vive et d'une mémoire prodigieuse, ayant la répartie prompte et spirituelle, nourrissant son esprit de la lecture des Livres Saints et des grands auteurs du XVIIe siècle, d'une prudence consommée, voyant les choses de haut, il était armé pour les fortes luttes et préparé pour les grandes causes.

Toujours correct et élégant dans son langage, éloquent à ses heures, il était majestueux en chaire : sa voix éraillée devenait puissante dans le feu de l'action.

Bienfaisant sans affectation et sans calcul, il poussait la charité jusqu'aux dernières limites : il était souvent plus pauvre que ceux qu'il secourait.

Tel était le prêtre que la Providence avait choisi pour présider aux événements qui s'accomplirent à Lourdes en 1858.

Un prêtre partait pour Lourdes, afin d'y assister aux fêtes du couronnement. Sœur Marie-Bernard lui dit :

— Allez trouver Mgr Peyramale. Dites-lui que je pense à lui tous les jours, que je prie pour lui et que je lui demande sa sainte bénédiction.

Le bon curé fut ému du message :

— Portez-lui ma bénédiction, répondit-il au messager ; et assurez-la, assurez-la bien, que je me souviens toujours qu'elle est mon enfant.

La nouvelle de la mort de ce saint prêtre devait être un déchirement de cœur indicible pour l'humble fille de Lourdes.

« C'est le jour de la Nativité de la Très Sainte Vierge

Henri Lasserre a retracé fidèlement le rôle important que prit le curé de Lourdes dans ce grand drame des Apparitions, où l'on vit une humble fille du peuple, simple, naïve, ignorante, mais douée d'un bon sens et d'une fermeté extraordinaire, lutter contre une police impie et tracassière. Bernadette allait être arrêtée, sur l'ordre du préfet M. Massy. Dressant sa haute taille et sa mâle figure devant le procureur impérial M. Dufour et le commissaire de police Jacomet : « Faites des enquêtes, leur dit-il, vous êtes libre : mais, si vous voulez persécuter les innocents, sachez bien qu'avant d'atteindre le dernier et le plus petit de mon troupeau, c'est par moi qu'il faudra commencer. »

Il avait défendu à ses vicaires d'aller à la grotte ; lui-même n'y posa jamais les pieds, et il s'interdisait tout propos au sujet de la Vision : il observait, il écoutait, il étudiait ; il laissait le miracle s'opérer et grandir. Ce n'est que lorsque l'autorité épiscopal eût parlé qu'il leva l'interdit.

La construction de la chapelle venait d'être décidée ; le plan en avait été confié à un homme supérieur, M. Durant, architecte diocésain. M. Peyramale le trouva trop exigu. « Faites grand ! dit-il à l'architecte, Soyez Michel-Ange ! » et M. Durant fit l'œuvre géniale que nous admirons aujourd'hui.

L'église de Lourdes étant trop petite, il conçut le projet d'en édifier une autre plus en rapport avec la population, et plus en harmonie avec les monuments qui surgissaient autour de la ville. Il choisit, pour son temple, un lieu retiré propice à la prière, où le bruit des foules n'arriva pas : cela lui valut quelques ennuis, mais il passa outre.

Les travaux furent poussés activement, grâce aux dons des pèlerins. Avec quelle joie et quelle éloquence il recevait les foules dans sa nouvelle église ! Mais les offrandes ralentirent, pour des causes que nous n'avons pas à rechercher. Miné par la maladie et le chagrin, il mourut le 8 septembre 1877, laissant une œuvre inachevée.

Le curé des Apparitions dort son dernier sommeil dans la crypte de son église : un tombeau de marbre lui a été élevé par l'amitié et la reconnaissance. De nombreux pèlerins vont y prier tous les jours. (BARBET, op. cit., p. 67-70.)

(8 septembre 1872), écrivait-elle, que j'ai appris cette foudroyante nouvelle. A neuf heures, ma chère Sœur Nathalie vient me trouver à la tribune et me dit qu'on venait de recevoir une dépêche, datée de la veille, qui annonçait que M. le curé était au plus mal. Puis, est arrivée la seconde, du jour même, qui annonçait la mort. Vous dire ce que j'ai souffert, serait chose impossible. »

La pieuse compagne, dont elle parlait dans cette lettre, l'a confirmé à M. Henri Lasserre, qui en témoigne dans son beau livre.

« Oh ! oui, Monsieur, dire ce qu'elle a souffert en ce moment serait en effet chose impossible, nous déclarait naguère la Sœur Nathalie. Et rien ne peut vous traduire l'impression qu'elle a eue de cette mort. Depuis la première dépêche, elle ne cessait de prier, et elle était encore à la chapelle, quand je suis entrée pour lui apprendre que Mgr Peyramale avait quitté ce monde. Elle n'a eu qu'un faible cri, un gémissement de défaillance, comme si sa vie à elle-même s'évanouissait tout à coup.

» — Oh ! M. le curé !...

» Jamais plainte si déchirante ne frappa mon oreille.

» Elle s'est affaissée à genoux, chancelante et joignant les mains, écrasée sous le coup de cette mort. Tout son corps a fléchi et est comme tombé en prostration devant l'autel pour offrir à Dieu cet incommensurable sacrifice. Ses épaules étaient celles de la victime qui s'abandonne à l'immolation ; elle me rappelait Jésus ployant sous le fouet des bourreaux ou sous le faix de la croix.... »

Le curé Peyramale partit le premier. Il allait bientôt appeler au ciel sa pieuse et toujours chère paroissienne.

CHAPITRE IX

Viens, ô ma bien-aimée !

I. — *Le premier appel.*

Bernadette, enfin liée par les vœux perpétuels qu'elle fut admise à prononcer le 22 septembre 1878, venait de célébrer le vingtième anniversaire de l'Apparition, quand, le 11 décembre, elle entendit le premier appel au ciel.

Jusque-là, elle avait toujours dit, à chacune de ses rechutes maladives :

— Je ne mourrai pas encore.

Cette fois le médecin avait pronostiqué :

— Elle n'est pas loin de sa fin !

La pieuse malade ne rassura plus contre ce verdict et se contenta de sourire.

Une de ses compagnes, effrayée à la pensée de cette séparation, la vint visiter et lui dit :

— Je ne comprends pas, ma Sœur, que vous ne demandiez pas votre guérison.

Elle répondit, avec sa gaîté naturelle qui survivait à ses souffrances :

— Et, après cela, le bon Dieu viendrait dire : « Voyez-vous cette petite Religieuse, qui ne veut rien souffrir pour moi, qui ai tant souffert pour elle! » non pas! non pas!

On l'entourait d'une fraternelle sollicitude :

— Oh! mais, fit-elle, je suis soignée mieux qu'une princesse.

La pensée de ses grands vœux se représentant à elle, elle ajouta tout aussitôt :

— C'est que je suis l'épouse d'un grand Roi.

Elle souffrait horriblement. L'asthme l'étouffait, son corps n'était qu'une plaie et la carie des os lui occasionnait des élancements on ne peut plus douloureux.

— Courage, lui disait son confesseur, courage, ma Sœur! Souvenez-vous des promesses de Marie. Le ciel est au bout.

— Oui, mais le bout est bien long à venir!

La douleur lui arrachait des cris et la faisait se contourner péniblement sur sa couche douloureuse. Elle en demandait pardon aux assistants et craignait de les scandaliser.

— Ma pauvre Sœur, lui dit une de ses compagnes, vous voilà donc sur la croix!

— Oui, mais avec Jésus, répondit-elle. N'en croyez pas mes contorsions. Je souffre : mais je suis contente de souffrir. Tout cela est bon pour le paradis.... Ce que Dieu veut, comme il le veut et autant qu'il le veut. Je m'abandonne à lui et je mets ma joie à être la victime du Cœur de Jésus.

II. — *Seigneur, je viens!*

On lui donnait des commissions pour le ciel.

— N'ayez crainte, je n'oublierai rien, je ferai toutes vos

commissions, répliquait-elle avec sa douce franchise. Mais, à votre tour, ne m'oubliez pas.

C'avait été en effet une de ses plus vives préoccupations, toujours, de savoir si, après elle, on n'oublierait pas de prier pour son âme.

— C'est bien vite fait, disait-elle souvent, de canoniser les gens de leur vivant. Après cela, quand ils sont morts, tout naturellement, on ne se croit plus obligé de prier pour eux et on les laisse griller en purgatoire, sans songer à les en tirer.

Le jour de saint Joseph, elle pria avec plus de ferveur encore que de coutume. On le remarqua et l'aumônier lui demanda quelle grâce elle avait donc ainsi demandée au saint patriarche.

— De bien mourir ! répondit-elle.

Le vendredi 28 mars, on lui administra les derniers sacrements. Avant de les recevoir, elle dit, d'une voix étonnamment forte :

— Ma chère Mère, je vous demande pardon de toutes les peines que j'ai pu vous faire par mes infidélités dans la vie religieuse. Et à vous aussi, mes chères Sœurs, je demande également pardon de tous les mauvais exemples que je vous ai donnés.... Priez pour moi.

Le confesseur l'exhorta à faire le sacrifice de sa vie.

— Mais, répliqua-t-elle assez vivement, ce n'est point là un sacrifice....

Dans ses spasmes douloureux, le crucifix échappait parfois de ses mains. Elle demanda qu'on le lui attachât assez fortement, pour qu'elle le sentît toujours avec elle.

L'ange des ténèbres tenta de l'effrayer. On entendit la mourante répéter :

— Va-t'en, Satan ! va-t'en, Satan !

La lutte ne fut pas longue.

— Il a fait mine de se jeter sur moi, dit-elle à M. l'abbé Febvre. Mais j'ai invoqué le Saint Nom de Jésus, et il a disparu.

« Ce que le Surnaturel a touché en garde l'empreinte, écrivait ce digne prêtre à M. Lasserre. Or, c'est par le sens de la vision, c'est par les yeux que Bernadette a été touchée par le Surnaturel. Et toujours, depuis cet instant, son incomparable regard en a gardé un reflet spécial qu'ont remarqué tous ceux qui l'ont aperçu même une seule fois. Mais, dans les derniers temps de sa vie, ce reflet est devenu de plus en plus vif, de plus en plus sensible à l'attention de ceux qui l'entourent. C'est surtout quand elle prie, quand elle s'entretient de Dieu, de Jésus, de Marie, quand elle contemple l'image du Christ, quand on lui parle des joies du Ciel. Il semble que ses yeux soient illuminés d'un nouvel éclat, à mesure que notre Sœur Marie-Bernard sente tomber le voile du corps qui la sépare de la vue de Dieu. »

III. — *Le départ.*

Sur les onze heures, elle demanda à être un peu levée.

Mais les souffrances redevenues plus vives obligèrent à la remettre sur sa couche, où on la vit prendre, dans sa main, le crucifix qu'elle porta à ses lèvres, baisant lentement l'une après l'autre les cinq plaies de Jésus en croix.

L'Assistante, qui s'était sentie pressée de revenir auprès d'elle, fut accueillie avec le plus doux sourire. La mourante la pria de nouveau de lui pardonner....

A trois heures, elle poussa un grand cri :

— Mon Dieu! fit-elle avec un accent déchirant.

Les pieuses compagnes qui l'entouraient tressaillirent. Mais bientôt la voix de Bernadette retentit de nouveau, claire, calme et douce :

— Sainte Marie, Mère de Dieu, priez pour moi, pauvre pécheresse !...

Sans doute, elle se souvint alors des *Ave Maria* que la Reine du ciel lui apprenait, vingt ans auparavant, à réciter comme il faut. Elle regarda du côté de la Sœur assistante :

— Aidez-moi, murmura-t-elle.

Puis, elle demanda à boire :

— J'ai soif! dit-elle.

Et quand elle tint en mains le breuvage, elle fit un grand signe de croix, comme ceux que Marie lui avait enseignés à Lourdes.

Elle trempa ses lèvres, pencha la tête et mourut.

CHAPITRE X

Les funérailles

I. — *La voix du peuple.*

Dès le samedi matin 19 avril, raconte Mgr Crosnier, jour
des obsèques, les cours et abords du couvent étaient envahis,
et on fut obligé tout d'abord de fermer l'église au public,
jusqu'à ce que le clergé et les députations des Ordres religieux
eussent pris la place qu'ils devaient occuper.

L'exposition du corps avait duré trois jours.

Elle était si belle, si angélique à voir, la pieuse Voyante de
Lourdes! Un de ses yeux, celui peut-être que le rayon de
l'Apparition avait frappé le premier, était demeuré ouvert,
malgré tous les efforts pour le fermer.

Ses mains jointes tenaient le crucifix que le Pape lui avait
envoyé. Sa tête était couronnée de roses blanches. Son visage
semblait rayonner sous la pâleur de la mort.

Chacun voulait faire toucher à ses restes un objet pieux.
Les magasins de la ville furent dévalisés, et les Sœurs se
dépouillèrent généreusement de tout ce dont elles purent dis-
poser dans ce but.

Le pieux évêque de Nevers, Mgr Lelong, était accouru, interrompant ses visites pastorales pour venir rendre les derniers devoirs à la Vierge de Lourdes, que Marie avait confiée à sa sollicitude pastorale.

Nevers gardera son cercueil. L'Évêque voulut le bénir et présider à ses funérailles, qui furent un pacifique triomphe.

II. — *Le sépulcre* (1).

Au centre du jardin des Sœurs de Nevers s'élève, gracieuse et solitaire, une petite chapelle, dédiée à saint Joseph, et dans laquelle Sœur Marie-Bernard, doucement attirée pendant sa vie, avait coutume d'aller prier. Elle fut construite, à la suite d'un vœu, par Mgr Dufêtre, évêque du diocèse.

C'est là, au pied de l'autel, que Bernadette repose, en son tombeau virginal !

Trois verrières laissent pénétrer dans ce sanctuaire la lumière d'un jour mystérieux.

Au-dessus du Tabernacle, la verrière du milieu représente le Patron de l'Église universelle portant sur son bras le divin Enfant.

A gauche et à droite, deux grands saints, peints également l'un et l'autre sur toute la hauteur du vitrail, semblent les gardiens immuables et les anges de ce tombeau.

L'un présente aux regards un livre, ouvert comme les battants d'une porte, la Porte de l'Infini. Ces deux simples mots y sont inscrits : *Civitas Dei....* Demandez à ces pèlerinages

(1) Cette description symbolique est tout entière empruntée au chapitre XXVI du livre de M. Henri Lasserre.

immenses qui se pressent à la grotte de Lourdes, ne faisant qu'un cœur et qu'une âme ; demandez à ces peuples en prière obtenant du Ciel la conversion des pécheurs, la consolation des affligés, la guérison des malades ; et demandez au peuple chrétien, si l'œuvre dont Marie a posé la première pierre par les mains de Bernadette, n'est point marquée et résumée tout entière dans le titre du livre de saint Augustin, et si elle n'est pas ici-bas *la Cité de Dieu*.

Mais Bernadette ne fut point seule en ce labeur, et la Providence voulait qu'un autre souvenir fût également rappelé en cette chapelle symbolique qui devait en ce moment renfermer son tombeau. Il fallait donc qu'il fût écrit là, le nom du protecteur infatigable de Bernadette ; le nom de l'homme qui fut choisi pour être le collaborateur du travail divin, par cette Immaculée Reine du ciel qui était apparue aux roches de Massabielle, faisant glisser entre ses doigts les perles du chapelet. Or, spécifiant la mission et désignant la personne, voilà que sur l'autre vitrail se dresse, debout et resplendissant dans une auréole, le saint qui fut élu pour être l'apôtre de cette dévotion, que cette même Vierge Immaculée, apparaissant un Rosaire à la main. A ses pieds le nom est écrit : *Dominicus*. C'est saint Dominique ; c'est le propagateur du Rosaire : c'est le patron de Marie-Dominique Peyramale, curé de Lourdes.

III. — *Le parchemin scellé.*

Aux pieds de l'humble Vierge de Lourdes, dans le cercueil, enfermé soigneusement dans un tube de verre, on avait déposé le procès-verbal écrit sur parchemin. On y lisait :

L'ABBÉ PEYRAMALE

« *Congrégation des Sœurs de la Charité et de l'Instruction chrétienne de Nevers.*

» En la Maison-Mère ;

» Le seizième jour du mois d'avril de l'an de grâce 1879 ;

» Sa Sainteté Léon XIII heureusement régnant ;

» Sous l'épiscopat de Mgr Étienne Lelong, évêque de Nevers ;

» Mgr Crosnier, protonotaire apostolique, et M. l'abbé Dubarbier, étant vicaires généraux ;

» M. l'abbé Greuzard, curé de la paroisse ;

» M. l'abbé Febvre, aumônier de la Communauté ;

» M. Grévy étant président de la République française ;

» La Révérende Mère Adélaïde Dons étant supérieure générale de la Congrégation ;

» Est pieusement décédée dans le Seigneur :

» Marie - Bernarde Soubirous, en religion sœur Marie-Bernard, née à Lourdes le 7 janvier 1844 ; baptisée le 9 du même mois ; vêtue du saint habit en la Maison-Mère de la Congrégation le 29 juillet 1866 ; engagée à Dieu par ses premiers vœux de religion le 30 octobre 1867, et par ses vœux perpétuels le 22 septembre 1878.

» C'est à elle, en l'an 1858, et quand elle était encore une enfant, que la Sainte Vierge apparut dix-huit fois à la grotte de Lourdes.

» C'est à elle que, se nommant elle-même, la Mère de Dieu a dit : « Je suis l'Immaculée Conception. »

» C'est à elle qu'elle a adressé ces paroles : « Je vous
» promets de vous rendre heureuse, non dans ce monde,
» mais dans l'autre. »

» C'est par elle que la Vierge Marie déclara aux prêtres qu'Elle voulait qu'on lui élevât, en ce lieu, une chapelle, et qu'on y vînt en procession, ce qu'elle transmit à M. l'abbé Peyramale, curé de Lourdes.

» C'est sous la main de la Défunte dont le corps repose dans ce cercueil, que jaillit, à l'ordre de Marie, la source miraculeuse qui, depuis cette époque, a guéri tant de malades dans le monde entier.

» Son corps ayant été déposé à découvert dans sa bière, suivant l'usage de l'Institut, dans la chapelle de la Maison-Mère, il a été immédiatement l'objet du concours universel de la vénération publique. Sur l'ordre de Mgr l'Évêque et par la permission de l'autorité civile, il a dû demeurer exposé jusqu'au moment des funérailles.

» Aujourd'un samedi 19 avril, il a été déposé et va être scellé dans ce cercueil, en présence des témoins dont les noms suivent.

» Certifié véritable.

» *Ont signé* : Mgr Étienne Lelong, évêque de Nevers; Mgr Crosnier et M. l'abbé Dubarbier, vicaires généraux; M. l'abbé Greuzard, curé de la paroisse; M. l'abbé Febvre, aumônier de la Communauté; la Révérende Mère Adélaïde Dons, supérieure générale de la Congrégation; les chères Sœurs Louise Ferrand et Marie-Nathalie Portal, assistantes; Sœur Éléonore Cassagnes, secrétaire générale; Sœur Joséphine Daynac, conseillère; le R. P. Sempé (1), supérieur des Mission-

---

(1) Le T. R. P. Pierre-Marie Sempé, supérieur des Missionnaires attachés au sanctuaire de Lourdes, est né à Lamarque-Pontacq et est mort à Lourdes le 1er septembre 1889. Brillant élève d'humanités, au Petit Séminaire de Saint-Pé, étudiant distingué à Toulouse, professeur très estimé à Saint-Pé, appelé, tout jeune prêtre, au secrétariat de l'évêché, par la confiance de Mgr Laurence, l'abbé Sempé paraissait préparé pour une belle carrière dans l'Église. Il alla utiliser son talent et ses aptitudes variées dans

naires de Lourdes; M. l'abbé Pornian, aumônier des Sœurs
de Nevers, à Lourdes (1), et M. Henri Lasserre. »

la Congrégation des Missionnaires de Garaison, récemment fondée par Mgr Laurence.

Ses supérieurs le désignèrent, avec quelques-uns de ses confrères, pour inaugurer le service religieux dans la Crypte qui venait d'être construite et ouverte au culte. Ainsi, il venait continuer l'œuvre qu'avait commencée Mgr Peyramale, toujours sous l'autorité de Mgr Laurence.

Dès que les travaux, interrompus pendant quelque temps, furent repris, la Basilique s'éleva rapidement, tandis que d'autres constructions et d'autres établissements avaient lieu aux alentours de la grotte. Cinq évêques de Tarbes ont donné tour à tour au R. P. Sempé les mêmes charges et lui ont abandonné les mêmes pouvoirs, avec une confiance de plus en plus grande.

Quand le souffle des pèlerinages passa sur la France, le T. R. P. Sempé dépensa une remarquable puissance d'attention et d'activité, pour favoriser, développer de plus en plus ce grand mouvement religieux. Il prépara et organisa les inoubliables manifestations du couronnement de Notre-Dame de Lourdes et du jubilé.

Les exigences du pèlerinage devenaient de plus en plus grandes et pressantes. Il en faisait une étude constante. C'est à lui qu'on doit l'idée première du boulevard de la Gare à la grotte; la création de l'Esplanade, qui permet à des milliers de pèlerins de se déployer en procession; l'abri des pèlerins, qui a remplacé la rotonde de M. Lasserre.

S'il avait de puissantes initiatives, il en acceptait d'étrangères. C'est ainsi qu'on doit à Mgr Langénieux la pensée première d'une seconde église, réclamée par la grande affluence des pèlerins.

La bénédiction de ce monument grandiose avait été fixée pour le mois d'octobre 1889. Au mois de mai, le T. R. P. Sempé décida qu'on presserait les travaux, afin de faire profiter du double abri les pèlerinages du centenaire de 1889, et que la cérémonie aurait lieu au commencement du mois d'août.

Il jouit des fêtes si douces du triduum qui avaient amené de 15,000 à 20,000 personnes, et un clergé nombreux, que rehaussait la présence du cardinal Guibert et d'une quinzaine d'évêques.

Le dimanche suivant, comme il faisait en priant la visite de la grotte, il fut pris d'une syncope vers les neuf heures du matin. A huit heures et demie du soir, il rendait son âme à Dieu. (BARBET, *op. cit.*, p. 77-80.)

(1) Nous devons mentionner dans ces notices M. l'abbé Pomian, qui a joué un rôle effacé, mais efficace, dans les scènes des Apparitions et dans les actes importants qui ont suivi. M. l'abbé Pomian, aumônier de l'hospice, reçut, lui aussi, les confidences de Bernadette et la prépara à la première communion. Circonspect et de sens rassis, il fut l'ami sage, souvent écouté, de Mgr Peyramale. La confiance de Mgr l'évêque de Tarbes lui a valu, tout récemment, le titre de chanoine honoraire : la ville a applaudi à cette distinction méritée. (*Ibid.*, p. 70.)

CONCLUSION

LA VOIX DE L'ÉGLISE

I. — La mission de Bernadette racontée par la liturgie.

Dans les trois Leçons du second Nocturne de l'Office récemment concédé par le Saint-Siège en l'honneur de l'Apparition de Notre-Dame de Lourdes, se trouve résumé, avec une autorité irréfragable, le récit des merveilles qu'on a pu lire le long de ce livre :

Qu'on en juge.

<table>
<tr><td>

LECTIO IV.

ANNO quarto a dogmatica definitione de Immaculato Beatæ Virginis Conceptu, ad Gavi fluminis oram prope oppidum Lourdes Diœcesis Tarbiensis in Gallia, ipsa Virgo in rupis sinu super specum Massabielle puellæ cuidam, vernacula lingua Bernadette nuncupatæ, pauperrimæ quidem, sed ingenuæ ac piæ, pluries se conspiciendam obtulit. Imma-

</td><td>

LEÇON IV.

LA quatrième année depuis la définition dogmatique de l'Immaculée Conception de la Bienheureuse Vierge, sur les bords du torrent du Gave, près de la ville de Lourdes, au diocèse de Tarbes, en France, la Vierge elle-même s'est montrée plusieurs fois dans le creux d'un rocher, au-dessus de la grotte Massabielle, à une jeune fille très pauvre à la vérité, mais candide et pieuse, appelée Bernadette dans la langue populaire.

</td></tr>
</table>

La Vierge Immaculée, dont l'aspect était jeune et plein de bonté, portait une robe et un voile blancs comme la neige ; elle avait une ceinture bleue ; une rose d'or s'épanouissait sur chacun de ses pieds nus. Le premier jour de l'Apparition, qui fut le onzième de février de l'année mil huit cent cinquante-huit, elle apprit à l'enfant à faire avec respect et piété le signe de la croix, et à réciter, à son exemple, le saint Rosaire, en faisant glisser dans la main un chapelet suspendu auparavant à son bras ; elle le fit encore pendant les autres apparitions. Le second jour de l'Apparition, la jeune fille, dans la simplicité de son cœur, craignant une ruse diabolique, jeta de l'eau bénite vers la Vierge ; mais la bienheureuse Vierge, souriant avec bonté, lui montra un visage encore plus gracieux. La troisième fois qu'elle lui apparut, elle invita l'enfant à venir à la grotte pendant quinze jours. A partir de ce moment, elle lui parla souvent, et l'exhorta à prier pour les pécheurs, à baiser la terre et à faire pénitence. Ensuite elle lui commanda de dire aux prêtres d'avoir à lui bâtir là une chapelle et d'y venir solennellement en procession. Elle lui ordonna de plus de boire et de se laver à l'eau d'une fontaine, cachée

culata Virgo juvenili ac benigno videbatur aspectu, nivea veste niveoque pallio contecta, ac zona cærulea succincta : nudos pedes aurea rosa ornabat. Primo Apparitionis die, qui fuit undecimus Februarii anno millesimo octingentesimo quinquagesimo octavo, puellam signum crucis rite pieque faciendum edocuit, atque ad sacri Rosarii recitationem, exemplo suo, coronam, quæ prius ex brachio demissa pendebat, manu advolvens, excitavit : quod in ceteris etiam apparitionibus præstitit. Altera autem Apparitionis die, puella in simplicitate cordis sui, diabolicam fraudem timens, lustralem aquam in Virginem effudit : sed Beata Virgo, leniter arridens, benigniorem illi vultum ostendit. Cum vero tertio apparuisset, puellam ad specum per quindecim dies invitavit. Exinde eam sæpius est allocuta, ac pro peccatoribus orare, terram deosculari, pœnitentiamque agere est hortata : deinde imperavit ut sacerdotibus ediceret, ædificandum ibi esse sacellum, solemnique supplicationis more illo accedendum. Mandavit insuper ut e fonte, qui sub arena adhuc latebat sed mox erat erupturus, aquam biberet eaque se abstergeret. Denique die festo Annuntiationis, percontanti enixe puellæ illius nomen, cujus aspectu toties dignata fuerat, Virgo, admotis pectori manibus elatisque in cœlum oculis, respondit : « Immaculata Conceptio ego sum. »

Lectio V.

Percrebrescente fama beneficiorum, quæ in sacro specu recepisse fideles dicebantur, augebatur in dies hominum concursus, quos loci religio ad specum advocabat. Itaque prodigiorum fama puellæque candore motus Tarbiensis Episcopus, quarto ab enarratis anno, post juridicam factorum inquisitionem, supernaturales esse Apparitionis notas sua sententia probavit, cultumque Virginis Immaculatæ in eodem specu permisit. Mox ædificatum sacellum : ex illa die pene innumeræ fidelium turbæ, voti ac supplicationis causa, ex Gallia Belgio, Italia, Hispania ceterisque Europæ provinciis necnon ex longinquis Americæ regionibus quovis anno illuc adveniunt, nomenque Imma-

sous le sable, mais qui allait bientôt jaillir. Enfin le jour de la fête de l'Annonciation, comme la jeune fille demandait instamment le nom de Celle qui avait tant de fois daigné se montrer à elle, la Vierge, appuyant les mains sur la poitrine et les yeux fixés au ciel, répondit : « Je suis l'Immaculée Conception. »

Leçon V.

Le bruit des bienfaits que les fidèles prétendaient avoir reçus dans la sainte grotte se répandait partout, et le concours des multitudes attirées à la grotte par la vénération pour ce lieu augmentait de jour en jour. C'est pourquoi l'Évêque de Tarbes, déterminé par la renommée des prodiges et la candeur de la jeune fille, quatre ans après les apparitions, à la suite d'un rapport juridique des faits, déclara, par sa sentence, surnaturels les caractères de l'Apparition et autorisa le culte de la Vierge Immaculée dans cette même grotte. Bientôt la chapelle fut bâtie : dès ce jour, des foules presque innombrables de fidèles accomplissant des vœux et sollicitant des faveurs se rendent là chaque année, de France, de Belgique, d'Italie, d'Espagne et des autres provinces de l'Europe et même des régions éloignées de l'Amérique, et le nom de l'Immaculée de Lourdes est célèbre dans tout l'univers. L'eau de la source, transportée dans toutes les parties du monde, rend la santé aux malades. L'univers catholique, reconnaissant de tant de bienfaits, a élevé là des édifices sacrés d'un travail merveilleux. D'innombrables bannières, qui attestent la gratitude pour les faveurs obtenues, ont été envoyées par les cités et les peuples, et décorent magnifiquement le temple de la Vierge. Dans ce lieu, qui est comme sa demeure spéciale, la Vierge est honorée sans interruption : dans le jour, par des prières, des chants religieux et d'autres cérémonies solennelles ; la nuit, par ces processions sacrées dans lesquelles des multitudes presque infinies de pélerins, portant des cierges et des flambeaux allumés; marchent pieusement en chantant les louanges de la Bienheureuse Vierge.

Leçon VI.

Tout le monde sait que ces pèlerinages ont ranimé la foi dans notre siècle plein de froideur ; ils ont excité l'ardeur à professer plus courageusement la loi chrétienne et développé d'une manière merveilleuse la dévotion envers la Vierge Immaculée. Dans cette admirable

culatæ de Lourdes ubique terrarum inclarescit. Fontis aqua in cunctas orbis partes delata, ægris sanitatem restituit. Orbis vero catholicus tantorum memor benefactorum, ædes sacras mirabili opere ibi extruxit. Vexilla innumera, acceptorum beneficiorum veluti monumenta illuc a civitatibus ac gentibus missa ; ædem Virginis miro ornatu decorant. In hac sua veluti sede Immaculata Virgo jugiter colitur ; interdiu quidem precibus, religioso cantu solemnibusque aliis cæremoniis ; noctu vero sacris illis supplicationibus, quibus infinitæ propemodum peregrinantium turbæ cereis facibusque accensis procedunt et laudes Beatæ Virginis concinunt.

Lectio VI.

Peregrinationes hujusmodi fidem frigescenti sæculo excitasse, animum ad christianam legem profitendam addidisse, cultumque Virginis Immaculatæ, mirum in modum auxisse, omnibus compertum est. In qua mirabili fidei professione Christianus populus sacerdotes veluti duces habet, qui illuc suas plebes adducunt. Ipsi etiam sacrorum Antistites sanctum locum frequenter adeunt, peregrinationibus præsunt, solemnioribusque festis intersunt. Nec adeo rarum est ipsos Romanæ Ecclesiæ Purpuratos Patres humili peregrinorum more accedentes conspicere. Ipsi quoque Romani Pontifices, pro sua erga Immaculatam de Lourdes pietate, sacram ædem donis nobilissimis cumularunt. Pius Nonus sacris indulgentiis, Archiconfraternitatis privilegio ac Minoris Basilicæ titulo ipsam insignivit, ac Deiparæ imaginem ibidem cultam solemni ritu per Legatum suum apostolicum in Gallia diademate distinctam voluit. Leo vero Decimus tertius innumera etiam contulit beneficia, indulgentias ad modum Jubilæi vigesimo quinto Apparitionis anno vertente concessit, peregrinationes sua autoritate verboque provexit, ac solemnem Ecclesiæ sub titulo Rosarii dedicationem suo nomine peragi curavit. Quorum beneficiorum amplitudinem cumulavit, cum, plurium Epis-

profession de foi, le peuple chrétien a marché sous la direction de ses prêtres qui conduisent leurs peuples dans cet endroit béni. Les évêques eux-mêmes se rendent souvent dans ce saint lieu, se mettent à la tête des pèlerinages et y assistent à des fêtes très solennelles. Il n'est pas rare d'y voir même des princes de l'Église romaine honorés de la pourpre, s'y rendre comme d'humbles pèlerins. Enfin les Pontifes romains, pleins de dévotion pour l'Immaculée de Lourdes, ont enrichi des faveurs les plus précieuses ce sanctuaire vénéré. Pie IX lui a accordé de saintes indulgences, le privilège d'une archiconfrérie et le titre de basilique mineure ; il a même voulu faire couronner, dans une cérémonie solennelle, la statue de la Mère de Dieu que l'on y vénère, par son nonce apostolique en France. A son tour, Léon XIII a accordé des privilèges innombrables, et des indulgences sous forme de Jubilé, à l'époque du vingt-cinquième anniversaire de l'Apparition. Par son autorité et sa parole, il a poussé aux pèlerinages et il a eu à cœur de faire consacrer solennellement en son nom une église sous le titre du Rosaire. Pour mettre le comble à tant de faveurs, sur la demande d'un grand nombre d'évêques, il a daigné accorder qu'une fête solennelle, avec Office et Messes propres, serait célébrée sous le titre de l'Apparition de la Bienheureuse Immaculée Vierge Marie. | coporum rogatu solemne festum sub titulo Apparitionis Beatæ Mariæ Virginis Immaculatæ, proprio Officio et propria Missa celebrandum benigne concessit.

II. — *La première leçon* (1).

Il nous faut étudier maintenant les leçons de ce nocturne, où le fait de l'Apparition, le milieu dans lequel il s'est produit et les conséquences qu'il a eues sur le monde sont retracés en un langage d'une touchante simplicité.

Les premiers mots : *Anno quarto a dogmatica definitione...* nous remettent en mémoire la leçon du martyrologe du 24 décembre, dans laquelle la fête de Noël est annoncée en ces termes avec une pompe extraordinaire : *Anno a creatione mundi... a diluvio... a nativitate Abraham...* etc., etc. Le lecteur chante cette leçon sur un ton plein de magnificence, les assistants l'écoutent debout jusqu'à l'endroit où sa voix fait retentir le nom de Bethléem. A ce nom, tout le monde se prosterne jusqu'à ce que la grande nouvelle ait été totalement annoncée.

« Toutes les générations comparaissent successivement devant nous. Interrogées si elles avaient vu passer Celui que nous attendons, elles se sont tues jusqu'à ce que le nom de Marie s'étant d'abord fait entendre, la Nativité de Jésus-Christ, Fils de Dieu fait homme, ait été proclamée. « Nous venons d'entendre, s'écriait saint Bernard, une bonne parole, une

(1) Tout ce commentaire est emprunté aux belles *Élévations*, de M. le chanoine Michel, sur le nouvel office de l'Apparition.

L'ÉGLISE DE LOURDES

12

parole de consolation, un discours plein de charme, digne d'être recueilli avec le plus grand empressement. Montagnes, faites retentir la louange; battez des mains, arbres des forêts, devant la face du Seigneur, car le voici qui vient. Cieux, écoutez; terre, prête l'oreille; créatures, soyez dans l'étonnement et la louange, mais toi surtout, ô homme! Jésus-Christ, Fils de Dieu, naît en Bethléem de Judée! Quel cœur, fût-il de pierre, quelle âme ne se fond pas à cette parole? Quelle plus douce nouvelle? quel plus délectable avertissement? Qu'entendit-on jamais de semblable? Quel don pareil le monde a-t-il jamais reçu? O parole brève qui nous annonce le Verbe dans son abaissement! Mais de quelle suavité n'est-elle pas remplie! Le charme d'une si mielleuse douceur nous porte à chercher des développements à cette parole, mais les termes manquent. Telle est, en effet, la grâce de ce discours, que si j'essaie d'y changer un *iota,* j'en affaiblis la saveur : Jésus-Christ, Fils de Dieu, naît en Bethléem de Judée (1). »

Dans un style d'une concision remarquable, rien n'a été omis de ce qui se rapporte aux diverses apparitions de la Très Sainte Vierge à Lourdes, depuis le 11 février jusqu'au 25 mars, fête de l'Annonciation, jour à jamais mémorable où la Vierge disait à l'humble Voyante : « Je suis l'Immaculée Conception. » Par un privilège inouï, les mots de Lourdes et de Bernadette sont prononcés plusieurs fois par l'Église et insérés dans le Bréviaire, le livre sacré, en notre idiome national; ils seront à jamais sur toutes les lèvres, chez tous les peuples du monde, comme l'affirmation solennelle et authentique du prodige.

Et quel prodige! Il faut le lire dans cette quatrième leçon,

____

(1) Dom Guéranger, *Avent.*

où on ne sait ce qu'on doit le plus admirer de la simplicité
ou de la grandeur du récit qui nous captive et fait monter
les larmes à nos yeux. La coïncidence de l'apparition de la
Très Sainte Vierge à Lourdes avec la proclamation du dogme
de l'Immaculée Conception ; le lieu même où Marie vient se
montrer à une enfant du peuple très pauvre sans doute, mais
d'une piété et d'une pureté angéliques ; le visage radieux et
plein de mansuétude de l'Immaculée ; le vêtement blanc comme
la neige qu'elle porte et le manteau qui la recouvre ; la ceinture bleu de ciel qu'elle laisse flotter au vent ; les roses d'or
qui ornent ses pieds ; le chapelet qu'elle tient à la main ; le
signe de croix qu'elle trace sur elle en apprenant à l'enfant à
l'imiter et en récitant avec elle, à chaque apparition, ce chapelet qui glisse entre ses doigts ; la crainte de Bernadette qui
soupçonne quelque fraude et se dispose à jeter l'eau bénite
qu'elle a apportée vers la Vision qui lui sourit plus gracieu-
sement que jamais ; l'invitation adressée à l'enfant de venir
pendant quinze jours, de prier pour les pécheurs, de baiser la
terre, de faire pénitence, d'ordonner aux prêtres de bâtir en
cet endroit même une chapelle et d'y amener processionnelle-
ment les foules ; l'ordre de creuser la terre et d'y faire jaillir
une source qui n'existait pas auparavant ; de boire de cette
eau et de s'en laver ; enfin l'insistance de la timide enfant
demandant son nom, le jour de l'Annonciation, à Celle qui
tant de fois l'avait favorisée de sa présence, de son regard et
de son sourire, et la réponse de la Vierge posant les mains sur
sa poitrine, levant les yeux au ciel et disant à Bernadette :
« Je suis l'Immaculée Conception, » tout cela passe rapidement sous nos yeux comme l'expression vraie, catégorique,
officielle, d'un événement hors de doute et sur lequel l'Église

n'admet pas la moindre contradiction. « Cherchez, en effet, comme l'a si bien dit Mgr l'évêque de Coutances, cherchez en ces leçons, qui présentent en un tableau réduit mais complet, tout l'ensemble des faits de l'Apparition avec leurs détails les plus importants et dans leur ordonnance providentielle ; cherchez la restriction et la réserve observées par l'Église dans le récit de faits analogues. Dans ces légendes, Rome se base habituellement sur la rumeur publique, sur les souvenirs traditionnels, *ut fertur, ut memoriæ traditum est.* Ici, rien de semblable, pas même l'ombre d'un doute ou d'une hésitation. C'est l'affirmation précise et absolue. L'Église en quelque sorte fait sien le récit de l'apparition et le revêt de son autorité souveraine. »

A nous maintenant de savourer le parfum de cette fleur que nous venons de voir éclore sur notre terre aride et desséchée ! Oui, le désert a refleuri, la solitude est embaumée, nous n'avons qu'à étendre la main pour cueillir les lis et les roses naissant sous les pas de celle qui a aimé la justice, a eu en horreur l'iniquité, et qui vient, dans un éclat tempéré par la douceur, régner sur ses enfants.

III. — *La seconde leçon.*

La renommée des bienfaits que les fidèles prétendaient avoir reçus dans la grotte sacrée fit affluer de toutes parts d'innombrables pèlerins. L'évêque de Tarbes s'émut enfin ; il fut touché de la candeur de la Voyante et du récit de ces événements merveilleux, et quatre ans après l'apparition, il rendit une sentence par laquelle, déclarant que les apparitions étaient surnaturelles, il permit de rendre dans la grotte un culte à la Vierge Immaculée. Bientôt la chapelle fut construite, et depuis, les multitudes, de France, de Belgique, d'Italie, d'Espagne, de toutes les contrées de l'Europe et des confins de l'Amérique, se pressent chaque année et acclament partout la Vierge Immaculée de Lourdes. L'eau de la grotte, transportée jusqu'aux extrémités du monde, rend la santé aux malades ; l'univers entier ne cesse de témoigner sa gratitude. Des bannières que l'on ne saurait compter décorent les sanctuaires, et témoignent de la gratitude des villes et des peuples. La Vierge Immaculée est honorée et acclamée le jour et la nuit, les chants sacrés ne cessent de retentir, les cérémonies s'accomplissent avec une pompe et un éclat extraordinaires, et, au milieu du silence et des ténèbres de la nuit, les fidèles, des flambeaux à la main, font monter vers le trône de l'Immaculée les chants de l'allégresse et de la reconnaissance.

Écrions-nous donc, avec l'éloquent cardinal Pie :

« A la date du 25 février 1858, la jeune fille a reçu l'ordre d'aller boire à la fontaine ; et la fontaine qui n'existait pas (toute la contrée est là pour le dire), ayant commencé de jaillir sous les doigts de l'enfant, n'a pas discontinué. Dix-huit ans se sont écoulés : et le nombre de ceux qui ont bu de l'eau de la fontaine de Lourdes ne peut plus se calculer ; et l'univers entier raconte des faits de guérisons instantanées, de guérisons manifestement surhumaines, de guérisons renversantes, selon l'aveu d'un esprit fort ; de sorte que l'argument sur lequel l'Église a coutume de baser son jugement, l'argument de l'attestation divine formulée par le miracle, se trouve ici, non point à l'état accidentel et transitoire, mais à l'état permanent et presque continuel : « *Si non verbo credis, rebus crede* : Si vous ne croyez point à la parole de l'enfant, vous ne pouvez refuser de croire aux choses qui ont suivi la parole. »

Quant à nous qui avons le bonheur de croire, il nous est doux de prêter l'oreille aux accents de notre sainte Mère l'Église et de l'entendre nous redire cette parole d'Isaïe qu'elle applique à la solennité présente et qui sert de répons à la deuxième leçon de ce nocturne : « Il y aura dans les derniers jours une montagne préparée (pour la Vierge Marie) ; elle sera élevée au-dessus des cieux ; les peuples y viendront en grand nombre et ils diront : Venez, et montons sur le sommet de cette montagne. » « Lorsque j'aurai été élevé de terre, disait le Seigneur à ses apôtres, j'attirerai tout à moi, » et l'aimant divin, par l'ardeur du feu qui le dévore et doit tout consumer, a purifié dans le creuset de l'amour tous les enfants de Juda et de Jérusalem ; il les a fondus comme l'or et l'argent, ils ont offert des sacrifices au Seigneur et ils ont été trouvés justes. »

IV. — *La troisième leçon.*

La sixième leçon complète le récit des événements extraordinaires qui ont eu Lourdes pour témoin, et qui, depuis le 11 février 1858 jusqu'à ce jour, ont contribué, pour une si large part, à ranimer la ferveur et à manifester à une génération incrédule et sceptique l'action du surnaturel. Il s'est affirmé, en effet, sous toutes les formes, et les fidèles n'ont pas été les seuls à se montrer dociles à suivre ses inspirations et à marcher à l'éclat de son éblouissante lumière. Prêtres et pontifes sont venus à leur suite ; gardant dès le début une extrême et prudente réserve, ils ont laissé la conviction pénétrer peu à peu dans les esprits; ils ont tout examiné, tout discuté, tout pesé au poids du sanctuaire, afin de ne pas induire en erreur ceux dont la garde leur était confiée. Comprimant l'impatiente ardeur qui les poussait, plus que les autres, à rendre publiquement gloire à Dieu et à sa sainte Mère, ils ont attendu dans le calme du recueillement et de la prière que l'heure sonnât enfin où l'élan de leur foi et de leur amour pût se déployer et, nul ne pourra jamais dire quelle fut leur allégresse.

Cet élan ne s'est pas arrêté; il n'a fait que prendre de jour en jour un développement plus merveilleux. Les pèlerinages qui n'étaient plus, paraît-il, dans nos mœurs, y sont si bien rentrés que les chemins de Lourdes ne cessent pas d'être sillonnés par les multitudes. Les princes de l'Église, les cardinaux sont venus, eux aussi, faire hommage de leur pourpre à Notre-Dame de Lourdes et déposer à ses pieds les insignes de leur dignité. Ils ont pris part à ces fêtes incomparables que l'on ne voit que sur ce coin de terre et qui font rêver au ciel, et quand ils ont eu raconté à Pie IX et à Léon XIII les spectacles auxquels ils avaient assisté, des larmes d'attendrissement et de bonheur ont coulé des yeux de ces pontifes augustes qui ont donné un tel élan au culte de la Très Sainte Vierge. Pie IX, le pontife de l'Immaculée Conception, a retrouvé sur les lèvres de celle qu'il a voulu glorifier par la proclamation du dogme, l'oracle attendu depuis des siècles et après avoir enrichi d'indulgences et de privilèges le sanctuaire de Lourdes, il a fait couronner par son légat la statue de Marie Immaculée. Léon XIII, le pontife du très saint Rosaire, a ouvert, lui aussi, les trésors de l'Église, et multiplié les indulgences sous forme de jubilé, il a encouragé les pèlerinages par son autorité et par sa parole, et il a voulu que l'on consacrât en son nom l'église du Rosaire. Mettant enfin le comble à ces faveurs de choix, il a, sur la demande d'un très grand nombre d'évêques, approuvé l'office solennel et la messe de l'Apparition.

Oh ! que le doigt de Dieu est là, et que nous avons raison, nous aussi, comme les Juifs, de nous écrier, en relatant ces choses : « Nous avons vu aujourd'hui des merveilles ! » Car enfin, et qui pourrait le nier, les aveugles voient, les sourds entendent, les muets retrouvent la parole, les paralytiques quittent leur grabat, marchent, et leurs béquilles tapissent tous les parois de la grotte. Et, en supposant que l'on s'obstine encore, malgré l'évidence (elle s'affirme pourtant avec une force irrésistible), à nier ces prodiges devant lesquels la science est bien forcée de s'incliner, n'y a-t-il pas sous nos yeux, plus saisissant, plus impérieux que tous les autres, un miracle de premier ordre ?

Il ressort de l'ensemble même des événements qui, depuis le 11 février 1858, tiennent en suspens l'univers entier. A qui aurait osé prétendre, à cette époque, que ce coin de terre deviendrait bientôt fameux, on aurait répondu par un branlement de tête comme au Calvaire, un sourire d'incrédulité aurait accueilli ces paroles. Cependant la grotte déserte, abandonnée, est devenue célèbre en tous lieux, et bien que l'églantier, comme le demandait le prêtre, n'ait pas fleuri, une fleur, celle de l'espérance et de l'amour, est venue s'épanouir sous les pieds de Marie, en exhalant jusqu'aux extrémités du monde les parfums les plus suaves. Des millions de pèlerins de tout âge, de toute contrée, de toute condition, accourent, tombent à genoux, prient les bras en croix, baisent

la terre et laissent couler leurs larmes. Le chapelet de la
Vision a passé dans toutes les mains, se déroule sur toutes
les poitrines. La source, toujours abondante et intarissable,
rafraîchit toutes les lèvres, lave toutes les plaies, guérit les
maladies les plus invétérées. La foi a vraiment soulevé et
transporté la montagne. La splendide basilique qui la couronne se dresse comme un arc de triomphe, comme un
trophée monumental, portant jusqu'aux nues le témoignage
de notre foi et de notre amour pour la Vierge Immaculée,
au pied de cette basilique, une nouvelle et immense église
a surgi du sol comme par enchantement, et les quinze autels
qui la décorent nous disent bien haut, par les mystères du
saint Rosaire, que Marie est descendue là pour nous apprendre
à réciter cette sublime prière et à en faire continuellement le
sujet de nos pieuses méditations.

Il manquait encore quelque chose à toutes ces magnifi-
cences. C'est en vain que les multitudes laissaient partout
éclater leur amour, que les innombrables privilèges de la
Vierge de Lourdes proclamaient sa puissance et sa bonté,
qu'on la célébrait à l'envi dans toutes les langues, et que
les pierres elles-mêmes prenaient une voix pour la chanter
et la bénir; il fallait à toutes ces marques de la reconnaissance universelle une affirmation publique et une consécration
solennelle, et il les fallait dans la langue même de l'Église.

Il fallait à l'édifice un couronnement digne de lui. Notre-
Dame de Lourdes n'avait pas son Office. Les évêques de la
province le préparèrent, en y mettant leur foi, leur zèle et
leur piété filiale. Que Rome prononce sur le culte divin
comme sur la foi, la discipline et la règle des mœurs; que
Rome prononce, et la cause est finie. Mais Rome ne pro-

nonce jamais qu'avec cette sage lenteur, cette gravité tradi-
tionnelle, cette sûreté de critique, cette haute compétence
enfin qui la mettent au-dessus de toute attaque et imposent
son jugement au respect de tous. C'est dans ces conditions
qu'a procédé la sacrée Congrégation des Rites, et qu'elle a
donné son approbation à l'office qui fait aujourd'hui notre
sécurité non moins que notre joie. Sans doute, le privilège
que nous célébrons n'est accordé d'abord qu'au diocèse de
Tarbes, mais le décret invite en quelque sorte les autres
Églises à le partager. Et telle est, dans l'univers entier, la
dévotion à Notre-Dame de Lourdes, que bientôt, c'est notre
espoir, chaque diocèse voudra chanter par les mêmes accents
ses bienfaits et sa gloire. Est-ce que la ville éternelle n'a
pas donné l'exemple, imprimé l'essor? Est-ce que le Pape
lui-même, à la demande du cardinal vicaire, n'a pas autorisé
sous ses yeux, pour augmenter au cœur de ses fidèles romains
cette dévotion qu'il recommande, la fête et l'office que nous
célébrons ici?

Rome a parlé, la cause est finie. Rome affirme la vérité
de l'Apparition; donc l'Apparition n'est point une fable, une
légende accueillie par la crédulité.

Donc Bernadette n'a pas été le jouet d'une illusion.

Donc il s'est fait des miracles en ces lieux.

Donc la basilique n'est pas le fruit de dévouements aveugles.

Donc les pèlerinages ne sont pas des actes sans raison,
des mouvements de foules qui s'ébranlent au hasard.

Rome a parlé, la cause est finie.

Peuples, continuez donc à manifester votre foi.

Continuez à venir en foule à la grotte de Massabielle, à
la faire retentir des cris de votre souffrance et de votre allé-

gresse, de vos supplications et de votre reconnaissance. Désormais vous pouvez, au nom et dans la langue de l'Église, chanter les louanges de votre Mère.

Et vous, qui êtes la race élue, la nation sainte, le royal sacerdoce, bénissez le Seigneur. Vous pouvez redire, au nom et dans la langue de l'Église, comment la Vierge bénie, à l'exemple de son divin Fils, ne dédaigne ni les enfants, ni les pauvres, ni les humbles ; comment elle leur apparaît dans l'éclat de sa blancheur ; comment elle leur apprend à faire pieusement le signe de la croix, à réciter le saint Rosaire ; comment elle se manifeste à eux, le sourire aux lèvres, le visage éclatant de beauté ; comment enfin elle prêche la pénitence. Vous pouvez, en un mot, dans le langage liturgique et sacré, réciter la merveilleuse Apparition.

Prêtres et pontifes, réjouissons-nous ! Désormais il nous est donné de monter au saint autel pour offrir l'auguste sacrifice en l'honneur de Notre-Dame de Lourdes.

L'apparition de Lourdes est fondée sur des témoignages irrécusables : témoignage des peuples, témoignage de la science, témoignage de l'Église. L'arbre a jeté dans le sol d'indestructibles racines ; il se dresse aujourd'hui plus vigoureux, plus florissant que jamais ! (1).

(1) Mgr de Coutances.

FIN

TABLE DES MATIÈRES

LIVRE TROISIÈME

Sœur Marie-Bernard.

— Lille. Typ. A. Taffin-Lefort. —

www.ingramcontent.com/pod-product-compliance
Ingram Content Group UK Ltd.
Pitfield, Milton Keynes, MK11 3LW, UK
UKHW021908070726
13613UKWH00001B/403